W0219346

DURCH STARTEN

DEUTSCH
RECHTSCHREIBUNG

ÜBUNGSBUCH

VerfasserInnen: Ewald Cerwenka und Sandra Krenn

Diesem Buch ist ein Lösungsheft zu den Übungen beigelegt.

Entspricht der Rechtschreibreform 2006

Bibliografische Information der Deutschen Bibliothek:
Die Deutsche Bibliothek verzeichnet diese Publikation in der Deutschen Nationalbibliografie; detaillierte bibliografische Daten sind im Internet über http://dnb.ddb.de abrufbar.

VERITAS-VERLAG, Linz
www.durchstarten.at

Lektorat: Klaus Kopinitsch
Grafische Gestaltung: Ingrid Zuckerstätter
Illustrationen: Helmut »Dino« Breneis
Satz: Anton Froschauer
Herstellung: Kathrin Schager

Gedruckt in Österreich auf umweltfreundlich hergestelltem Papier

9. Auflage 2019 ISBN 978-3-7058-7821-1

VERITAS
Gemeinsam besser lernen

Inhaltsverzeichnis

„DURCHSTARTEN“ stellt sich vor

Das Durchstarten Übungsbuch zur deutschen Rechtschreibung macht dich rechtschreibsicher. Du findest hier alle wichtigen Regeln kurz und kompakt, gefolgt von einer breiten Palette abwechslungsreicher Übungen, damit du in Zukunft auf deine Rechtschreibfehler verzichten kannst. Dieses Buch deckt alle Bereiche der Rechtschreibung ab.
Die Gliederung folgt den großen Kapiteln der deutschen Rechtschreibung. Da in wenigen Bereichen – vor allem Groß- und Kleinschreibung, s-Schreibung, Zeichensetzung – der Großteil der Fehler gemacht wird, wirst du zu diesen Themen hier vorrangig und besonders intensiv trainieren können.

Komm deinen Fehlern auf die Schliche!
Du kannst die meisten Wörter im Deutschen richtig schreiben. Bei einer mehr oder weniger großen Zahl von Wörtern hast du aber deine Probleme und machst deine „Lieblingsfehler“, oder?
Finde zuerst anhand von korrigierten Texten (Schularbeiten, Aufsätzen, Diktaten ...) heraus, in welchen Bereichen du deine Fehler machst. Je mehr korrigierte Texte du dabei auswertest, desto aussagekräftiger wird deine Selbsteinschätzung. Trag in folgende Fehlertabelle ein, zu welchem Rechtschreibbereich deine Lieblingsfehler gehören (1 Strich pro Fehler):

Rechtschreibbereich	Strichliste
Fehler bei der **Groß- und Kleinschreibung**	
Fehler bei der **s-Schreibung**	
Fehler bei der Schreibung von **das – dass**	
Fehler bei der **Zeichensetzung** (Komma/Beistrich, Doppelpunkt ...)	
Fehler bei der **Verdopplung von Konsonanten** (zB *m* statt *mm*, *rr* statt *r*, *k* statt *ck*, *tz* statt *z* ...)	
Fehler bei der **Schreibung langer Vokale** (zB *i* statt *ie*, *ah* statt *a*, *ieh* ...)	
Fehler bei der **Schreibung gleicher Laute** (zB *e* statt *ä*, *äu* statt *eu* ...)	
Fehler bei der **Schreibung von Fremdwörtern** (zB *Kommissar, Detektiv, Atmosphäre, Justiz* ...)	
Fehler bei der **Getrennt- und Zusammenschreibung** (zB *irgendein, wie viel, einmal, spazieren gehen* ...)	
Fehler bei der **Worttrennung** (zB *Ap-fel, Kam-mer, Zu-cker, ros-ten, Apo-the-ke* ...)	

Los geht's!
Lies zunächst die Regeln und Tipps in der INFO KOMPAKT und wende dann das Gelernte in den zahlreichen Übungen an. Kontrolliere die erledigten Übungen mit dem Lösungsteil. Die gemachten Fehler kommen wieder in deine individuelle Fehlertabelle. Schreib dir etwaige neue „Lieblingsfehler“ *richtig* in ein Fehlerheft und lass sie dir von jemandem ansagen.
Dass du dich in einer ruhigen und aufgeräumten Umgebung besser konzentrieren kannst, steht außer Zweifel. Belohne dich nach einer Übungseinheit (ca. 30 Minuten) immer wieder mit einer Pause! Achte auf regelmäßiges Üben (2- bis 3-mal pro Woche). Dann wirst du bald mit der Rechtschreibung nicht mehr auf Kriegsfuß stehen, sondern fit in der Rechtschreibung sein!

Wir wünschen dir viel Erfolg!

KAPITEL 1: Groß- und Kleinschreibung

1 Großschreibung am Anfang bestimmter Textabschnitte

EINFACH KOMPAKT

Großgeschrieben wird ...
- **das erste Wort eines ganzen (= selbstständigen) Satzes**
- **das erste Wort eines ganzen Satzes, der auf einen Doppelpunkt folgt**
- **der Anfang einer direkten (= wörtlichen) Rede**
- **das erste Wort einer Überschrift, eines Titels, einer Anschrift und einer Grußformel**

1 Streiche den falschen Buchstaben durch!

1. k/Kennst du Lara Croft? n/Nein, noch nie gehört! W/wer soll das bitte sein?
2. „H/hast du die Zahnpasta schon wieder nicht zugeschraubt?“, f/Fragte mich mein Vater vorwurfsvoll, „n/Na das ist ja wiedermal typisch!“
3. s/Seit Monaten geht das nun so: j/Jeden Tag hat Fred absolut keine Lust, in die Schule zu gehen.
4. „i/Ich freue mich schon auf die Ferien“, s/Sagte Nina verträumt, „w/Weil ich dann endlich meinen süßen Nachbarn wiedersehe!“
5. Natalie fragte: „h/Hast du heute Zeit für mich, Oma?“„a/Aber natürlich, mein Schatz, für dich habe ich immer Zeit!“, a/Antwortete ihre Oma stolz.
6. „e/Es ist besser, echte Feinde als schlechte Freunde zu haben“, l/Lautet ein Sprichwort.

2 Setze den fehlenden Buchstaben in der richtigen Schreibung ein.

1. Die Karten für das „.......ed Hot Chili Peppers“-Konzert waren bereits am ersten Tag ausverkauft. (r/R)
2. Gestern habe ich mir den Film „.......igh Fidelity“ mit John Cusack angesehen. (h/H)
3. Was ich alles in den Urlaub mitnehme: ....einen neuen Bikini, Sonnencreme, eine Liegematte und „.......o nicht, mein Lieber“, mein absolutes Lieblingsbuch. (m/M) (s/S)
4. ....ür die Samurai war der Schwertkampf eine hoch entwickelte Kunst, das heißt: ....ichtiges Abschätzen des Gegners, blitzschnelles Angreifen und natürlich absolute Treffsicherheit. (f/F) (r/R)
5. Eines wusste Jessica mit Bestimmtheit: ....ie konnte Halloweenpartys gar nicht leiden. (s/S)
6. Kennst du das Buch „.......er Anhalter durch die Galaxis“ von Douglas Adams? (p/P)
7. Magst du den Film „.......ie wilden Hühner“? (d/D)
8. Meinem Bruder gefällt der Film „.......achts im Museum“. (n/N)
9. Aurelia sagte: „.......enn du jetzt gehst, dann ist es für immer!“ (w/W)
10. Was wir im Mühlviertel machen: ....andern, Schwammerl suchen und entspannen. (w/W)
11. Christoph triumphierte zum Abschied mit den Worten: „ ....ch bin der Beste!“ (i/I)
12. Unser letzter Urlaub sah folgendermaßen aus: ....ir gingen täglich wandern, genossen die frische Luft und meine Mutter suchte verzweifelt nach Pilzen. (w/W)

2 Großschreibung von Nomen/Substantiven

EINFACH KOMPAKT — **Artikel und andere Begleiter**

Nomen/Substantive werden großgeschrieben.
Du kannst ein Nomen an seinen **Begleitern** erkennen: einem **Artikel** (***der*** *Tisch*, ***eine*** *Aufgabe*), einem **Pronomen**/Fürwort (***dieses*** *Beispiel*, ***dein*** *Hut*), einem **Zahlwort** (***fünf*** *Freunde*).
Manchmal verschmilzt der Artikel mit einer **Präposition**/einem Vorwort (***in das*** *Haus laufen* ► ***ins*** *Haus laufen*).
Oft steht zwischen dem Begleiter und dem Nomen noch **ein Attribut**/eine Beifügung (der **alte** Tisch). (Vgl. Seite 34)
Generell gilt: Vor ein Nomen im Text kannst du dir immer einen Artikel (***ein, eine, eines/der, die, das***) denken! (= **Artikelprobe**!)

3 Der folgende Text ist in Großbuchstaben angeführt. Unterstreiche zuerst alle Nomen/ Substantive. Schreibe ihn dann in Normalschrift auf. Achte auf die Satzanfänge.

AFFEN KÖNNEN SÄTZE BILDEN

MEERKATZEN HABEN ES SCHWER. SIE WERDEN STÄNDIG VON FEINDEN BEDROHT, ETWA VON LEOPARDEN ODER ADLERN. DESWEGEN IST ES WICHTIG, SICH GEGENSEITIG VOR ANGREIFERN ZU WARNEN. FORSCHER HABEN HERAUSGEFUNDEN, DASS DIE ÄFFCHEN VERSCHIEDENE ALARMRUFE KENNEN UND AUS DIESEN EINE ART SATZ BILDEN. SCHREIT EINE MEERKATZE „LEOPARD!", DANN RASEN ALLE ARTGENOSSEN AUF DIE BÄUME. RUFT EIN TIER „ADLER!", STÜRMEN DIE ANDEREN INS GEBÜSCH. ES GIBT ABER AUCH DIE WARNUNG „LEOPARD-LEOPARD-LEOPARD-ADLER-ADLER-ADLER!" BEI DIESEM ALARM FLITZEN DIE TIERE FLUCHTARTIG BIS ZU 85 METER WEIT AUS DER GEFAHRENZONE. DIESE BOTSCHAFT MUSS ALSO UNGEFÄHR BEDEUTEN: „BRINGT EUCH WEIT WEG IN SICHERHEIT!"

Anonym: Affen können Sätze bilden. In: Peter-Matthias Gaede (Hg.): Geolino. Das Erlebnisheft 9 (September 2006). Hamburg: Gruner+Jahr 2006, S. 31.

4 Nun wird es etwas schwieriger. Dieser Text ist in Kleinbuchstaben geschrieben und die Abstände zwischen den Wörtern fehlen. Trenne zuerst die Wörter voneinander und unterstreiche dann alle Nomen. Wenn du noch weiterüben möchtest, schreibe den Text in Schreibschrift ab!

ameisenaufwohnungssuche

wennameisenumziehenmüssen, sindsiesehrwählerisch. dashabenforscherderuniversitätbristol(england)herausgefunden.

diewissenschafterzerstörtenfürihreexperimenteameisenbautenundbotendentierendann„ersatzheime"an.

jedesmalkonntensiebeobachten, dassdieameiseneinenvoraustrupplosschickten, derprüfte, obderbodenangenehmist,

diehöhledunkelgenugunddereingangsbereichgutgeschützt.

einesjedochschrecktedieameiseninallenexperimentenab: wennindemneuenbautoteartgenossenlagen, suchtensieschleun

igstdasweite.

dietotentieresignalisiertenihnen: vorsicht, diebewohnerdiesesbaussindankrankheitengestorben!

mitihrenversuchenkonntendieforscherbeweisen, dassameisensehraufhygiene, alsoreinlichkeit, achten.

Anonym: Ameisen auf Wohnungssuche. In: Peter-Matthias Gaede (Hg.): Geolino. Das Erlebnisheft 10 (Oktober 2005). Hamburg: Gruner+Jahr 2006, S. 35.

5 Trage nun die fehlende Singular- oder Pluralform (= Ein- oder Mehrzahl) ein und stelle ein passendes Attribut (= Beifügung) dazu.

Beispiele: *die Ameise* ▸ *die winzigen Ameisen*
die Krankheiten ▸ *die gefährliche Krankheit*

1. die Forscherin – ....
2. .... – die Universitäten
3. das Experiment – ....
4. .... – die Ameisenbauten
5. das Tier – ....
6. .... – die Male
7. .... – die Böden
8. die Höhle – ....
9. die Artgenossin – ....
10. der Bewohner – ....
11. .... – die Krankheiten
12. das Insekt – ....
13. der Reisebus – ....
14. .... – der Atlas

6 Setze die fehlenden Wörter ein und beachte dabei die Groß- und Kleinschreibung!

Beispiel: Unser *neues Telefon* wurde gestern aktiviert. (TELEFON, NEU)

1. Jeden Herbst fahren wir in die Steiermark, um .... zu essen. (MARONI, GEBRATEN)
2. Morgen gehe ich mit meinem .... ins Kino. (BRUDER, KLEIN)
3. Wenn ich volljährig bin, kaufe ich mir ein .... (AUTO, EIGEN)
4. Ich bin schon sehr gespannt auf den .... meiner Tante. (FREUND, NEU)
5. Für den .... brauche ich unbedingt neue Schuhe! (WINTER, KOMMEND)
6. Sarah isst am liebsten .... – wie ekelig! (GÖTTERSPEISE, GRÜN)
7. Stachelrochen sehen wie .... aus. (UNTERTASSEN, FLIEGEND)
8. Impfen schützt vor .... (KRANKHEITEN, GEFÄHRLICH)
9. Zu meinem Geburtstag wünsche ich mir eine .... (ERDBEERTORTE, RIESIG)
10. Ich finde, dass „Malcolm mittendrin" eine sehr .... ist. (FERNSEHSERIE, ORIGINELL)

7 Setze richtig ein. Beachte: ß = SS in Großbuchstaben.

1. Mein .... ist *Harry Potter.* (LIEBSTES BUCH)
2. Wenn ich mir bei der Rechtschreibung nicht sicher bin, schlage ich im .... nach. (AMTLICHES WÖRTERBUCH)
3. Meine Eltern hören gerne .... (KLASSISCHE MUSIK)
4. In der Schule haben wir einen Film in .... gesehen. (ENGLISCHE SPRACHE)
5. Mein Hund hat Angst vor .... (KLEINE KINDER)
6. Wenn ich nicht schlafen kann, trinke ich eine Tasse .... (WARMER TEE)
7. Frisch .... ist besonders aromatisch. (GEMAHLENER KAFFEE)
8. Der Schulball findet heuer am .... statt. (ZEHNTER JÄNNER)
9. Ich finde, dass dir die .... sehr gut steht. (ROTE BRILLE)
10. Die Geschichte handelt von einem .... und seinen Freunden. (ABENTEUERLUSTIGER JUNGE)
11. In unserer Schule ist es verboten, ... zu tragen. (BAUCHFREIE T-SHIRTS)
12. Für die Schularbeit brauchen wir außerdem ein Lineal und einen .... (SPITZER BLEISTIFT)
13. Die Zeitung ist auf .... gedruckt. (CHLORFREIES PAPIER)
14. Hast du einen .... mit? (GÜLTIGER AUSWEIS)
15. Die .... ist, dass du körperlich fit bist. (WICHTIGSTE VORAUSSETZUNG)
16. Ich schreibe gerne auf .... (KARIERTES PAPIER)
17. Unsere Tür ist aus .... (BRUCHFESTES GLAS)
18. Meine Mutter isst meistens .... (KALORIENARME SPEISEN)
19. Bring mir bitte meinen .... mit! (SCHWARZER PULLI)
20. Ich sehe mir gerne .... an. (LUSTIGE FILME)
21. Die Scheinwerfer leuchten in .... (GRELLES BLAU)
22. Die Erdbeeren haben einen sehr .... (SÜSSER GESCHMACK)
23. Das Haus auf der .... ist alt und verfallen. (ANDERE SEITE)
24. Mit meiner .... mache ich sehr gerne Fotos. (NEUE KAMERA).
25. Mein Bruder trägt nicht gerne .... (STINKENDE SOCKEN)

26. Das Buch ist in leicht .... geschrieben.
(VERSTÄNDLICHES SCHULENGLISCH)

27. Die Katze schleicht auf ihren ....
(SAMTIGE PFOTEN)

28. Hast du schon einmal .... gekostet?
(ECHTER LEBERTRAN)

29. Mein Vater ist schon seit Wochen auf ....
(STRENGE DIÄT)

30. Das .... der Nachbarn ist so süß!
(KLEINES BABY)

31. Beim .... hat sich unser Lehrer verletzt.
(TÄGLICHES FITNESSTRAINING)

32. Bei dem Sozialprojekt gab es viele ....
(FREIWILLIGE HELFER)

33. Wenn der Körper krank ist, sendet er ....
(EINDEUTIGE SIGNALE)

34. Welche sind deine .... ?
(LIEBSTE WEIHNACHTSGESCHENKE)

8 Kontrolliere, ob die Nomen und Adjektive richtig geschrieben sind. Korrigiere die Fehler!

1. Er trägt gerne Grüne und schwarze Hosen.
2. Mittags koche ich mir oft fertige menüs aus dem Tiefkühlfach.
3. Die Neuen Boxen klingen fantastisch.
4. Das Buch handelt von Vier Freunden, die eine Menge Blödsinn anstellen.
5. Das Neujahrskonzert in Wien hatte wie immer viele begeisterte besucher.
6. Ich habe zwei Beste Freundinnen.
7. Wie kommt man am schnellsten an das Gewünschte Ziel?
8. Die Forscher müssen Neue Wege beschreiten.
9. Das Helle blau ihrer Augen konnte er nicht vergessen.
10. Unsere treuesten kunden erhalten ein Kleines Dankeschön.
11. Richte deiner Familie bitte Ganz liebe grüße aus!
12. Wir haben drei Karten für die Vorstellung um acht reserviert.
13. Bist du dir sicher, dass du zuerst die Gute Nachricht hören möchtest?
14. Der Betrunkene Lenker hat einen schweren unfall verursacht.

EINFACH KOMPAKT — Nomen/Substantive erkennen

- **Nomen**/Substantive sind **oft von anderen Wörtern abgeleitet**. Du erkennst sie an **Endungen** wie: ***-heit, -keit, -nis, -schaft, -tum, -ung, -sal*** oder auch ***-(l)er, -ling, -in, -chen, -lein, -sel***.
- Jedes Nomen hat ein **bestimmtes** (grammatisches) **Geschlecht**: ***der** Dichter*, ***die** Ärztin*, ***das** Lied*. Die Artikel zeigen dir in der Einzahl das jeweilige Geschlecht an.

9 Bilde mit Hilfe der folgenden Endsilben Nomen und schreibe sie mit dem Artikel auf.

Wörter	Endsilben	Nomen
frei		*die Freiheit*
dunkel		....
erleben		....
gefangen		....
scheuen	-heit	....
regieren	-keit	....
eigen	-nis	....
sicher	-schaft	....
schicken	-tum	....
beschaffen	-ung	....
erfinden	-sal	....
schön		....
erringen		....
erledigen		....
heiter		....

10 Leite von den folgenden Adjektiven und Verben je ein Nomen ab!

lachen	*der Lacher*	zerren	
großzügig		neigen	
herzlich		flüssig	
singen		natürlich	
heizen		besser	
ehrlich		vermehren	

11 Und nun umgekehrt: Bilde zu den angegebenen Nomen je ein passendes Adjektiv oder Verb!

die Sparsamkeit	*sparsam* oder *sparen*	die Strafe	
das Zeichen		die Herausforderung	
der Rat		die Erfrischung	
die Freundschaft		der Friede	
der Beweis		der Sturm	
der Regen		das Ärgernis	

12 Ganz schön schwierig! Bilde jeweils das fehlende Verb oder Nomen.

der Motor	*motorisieren*	die Investition	
	fusionieren		dokumentieren
die Publikation		die Legitimation	
	infizieren		pürieren
die Injektion		die Transplantation	
	radieren		filetieren
die Quittung		die Karikatur	
	kreieren		experimentieren

13 Bilde zu den angegebenen Nomen und Verben Berufsbezeichnungen (beachte die vorgegebenen Artikel!). Setze diese dann in den Plural.

kochen	die *Köchin*	die *Köchinnen*
Gärtnerei	der	
Sekretariat	die	
massieren	die	
Kassa	der	
verarzten	die	
chauffieren	der	
Redaktion	die	
richten	die	
komponieren	der	
verkaufen	der	
assistieren	die	

14 Bilde nun auch die richtigen Bezeichnungen für moderne Berufe und setze auch diese in den Plural!

designen	die	
Eventmanagement	der	
Netzwerke betreuen	der	
Teamleitung	die	
Controlling	die	
Konstruktion	der	
Ökologie	die	

EINFACH KOMPAKT — Zusammengesetzte Nomen/Substantive

- **Nomen**/Substantive sind im Deutschen **häufig** aus anderen Wörtern (**Nomen**, **Adjektive**/Eigenschaftswörter, **Verben**/Zeitwörter, **Partikel**/kleine Wörter) **zusammengesetzt.** Das letzte Wort muss aber ein Nomen sein: *der Grün**schnabel**, das Hoch**haus**; der Lauf**schuh**, die Sing**probe**; der Über**flieger***. Oft steht noch ein Fugenzeichen zwischen den Bestandteilen: *die Volk**s**schule, die Advent(s)zeit, der Rind(**er/s**)braten*
- In **Aneinanderreihungen mit Bindestrich** wird neben den Nomen/Nominalisierungen auch das **erste Wort großgeschrieben** (auch bei Fremdwörtern): *das **D**u-bist-o.k.-Signal, die **F**irst-Love-Beratung*
  Ausnahmen sind selten: ***a**-Moll-Tonleiter, **ph**-Wert, **km**-Anzeiger, **i**-Tüpfelchen-Reiter ...*

15 Aus welchen Wörtern setzen sich folgende Nomen zusammen?

1. das Verkehrsschild: der Verkehr, das Schild
2. der Singvogel: singen, der Vogel
3. der Geldschmuggel: ....
4. der Trübsinn: ....
5. das Glühwürmchen: ....
6. das Konkurrenzdenken: ....
7. das Schnäuztuch: ....
8. das Föhngeräusch: ....
9. das Stiftsgymnasium: ....
10. der Flüsterasphalt: ....
11. die Holzskulptur: ....
12. die Vorherbestimmung: ....
13. die Wahlurne: ....
14. die Hausmannskost: ....
15. der Warenhandel: ....
16. die Gummistiefel: ....
17. die Käsereibe: ....
18. der Kochtopf: ....
19. das Spülmittel: ....
20. der Rechnungsbeleg: ....
21. die Kaffeetasse: ....
22. die Computermaus: ....
23. die Springschnur: ....
24. der Tiefseetaucher: ....

16 Welche Wörter lassen sich bilden?

1. heilen, Kraft: ....
2. fahren, Richtung: ....
3. Durst, löschen: ....
4. Mitglied, Land: ....
5. reiten, Stiefel: ....
6. blasen, Balg: ....
7. herrschen, Sucht: ....
8. schreien, Hals: ....
9. Übung, Beispiel: ....
10. Rettung, Schwimmer: ....

17 Schwierig: Welche Wörter könnten hier gemeint sein?

1. gangschonwasch: der Schonwaschgang
2. salbeallergiesonnen: ....
3. randschwimmbecken: ....
4. bruchfriedenshaus: ....
5. besichtigungsaalkreiß: ....
6. kraftatombewegunganti: ....
7. gefühlspitzenfinger: ....
8. abzeichenschwimmerrettungs: ....
9. kerzenkranzadventwachs: ....
10. antisohlerutsch: ....
11. konsolespiel: ....
12. formplattcomputer: ....
13. filmpiratenfortsetzung: ....
14. tierpflegehaushandbuch: ....
15. gartenkinderfestsommer: ....
16. leinenhundeverlängerung: ....
17. zeugabsturzflug: ....
18. bällchenkäseziegen: ....

EINFACH KOMPAKT — **Nomen/Substantive in festen Fügungen**

- Nomen/Substantive werden auch in **festen Fügungen** großgeschrieben:
  *auf dem **S**prung/in **E**ile/auf der **H**ut sein, in **B**ezug auf, einen **S**inn machen*

18 Welches Nomen passt in welche Redewendung?

Nachsehen, Not, Holzweg, Vergessenheit, Meinung, Gefahr, Sicherheit, Acht, Ruhe, Tat, Kauf, Hilfe, Bezug, Hinsicht, Hut, Sprung, Abruf

das .... haben, etwas in .... nehmen, jemandem zu .... kommen, zur .... (= eventuell), auf dem .... sein, auf dem .... sein (= irren), auf .... bereitstehen, in .... geraten, der .... sein, ... laufen, der .... dienen, in .... auf, mit .... auf, etwas außer .... lassen, jemanden in .... lassen, auf der .... sein, zur .... schreiten

19 Achtung, Fehler! Hier wurden die Redewendungen von Übung 18 verwechselt. Stelle die Sätze richtig.

1. Im Laufe der Zeit ist das Werk in Nachsehen geraten.

   ....

2. Bei deiner Entscheidung darfst du aber die Tatsache, dass du erst 16 bist, nicht außer Hut lassen.

   ....

3. Kann mir bitte jemand zu Sprung kommen?

   ....

4. Der Langsamere wird die Vergessenheit haben.

   ....

5. Er läuft Acht, den Job zu verlieren.

   ....

6. Bevor wir mit der Therapie beginnen, solltest du zur Gefahr kommen.

   ....

7. In Hilfe auf Ihr Schreiben vom 5. Februar möchten wir Sie höflich darauf hinweisen, dass wir Ihre Kündigung nicht erhalten haben.

   ....

8. Mein Bruder ist momentan sehr beschäftigt und ständig auf dem Bezug.

   ....

9. Sei auf der Ruhe vor Betrügern!

   ....

3 Ehemalige Nomen, die kleingeschrieben werden

EINFACH KOMPAKT

- In **bestimmten Verbzusammensetzungen** haben die Nomen ihren Eigenschaften verloren und werden **kleingeschrieben:** *eislaufen, kopfstehen, leidtun, nottun, teilnehmen, standhalten, preisgeben, stattfinden* ▸ zB *Es findet statt. Es tut ihr leid. Sie nimmt daran teil.*
- Nur in Verbindung mit ***bleiben, sein*** und ***werden*** gilt auch für folgende Nomen die Kleinschreibung: *klasse, angst, bange, bankrott, gram, spitze, pleite, wert* ▸ zB *Das **ist** mir einiges wert. Deswegen **bin** ich ihm nicht gram. Ihnen **wird** jetzt angst und bange.* (Aber: *Er hat Angst.)*
- **Groß- und Kleinschreibung** bei ***r/Recht – u/Unrecht*** *tun, haben, geben, bekommen: Du hast recht/Recht! Er hat unrecht/Unrecht getan. Da gebe ich dir recht/Recht!*
- Mit der **Endung -*s*** werden von Nomen **Präpositionen**/Vorwörter oder **Adverbien**/ Umstandswörter abgeleitet: *mittels, längs; sonntags, anfangs*
  Manchmal wechseln die Nomen auch **ohne Veränderung** ihre Wortart: *dank, kraft, trotz (deiner Hilfe)*
- Auch **unbestimmte Fürwörter** und **Zahlwörter** können aus Nomen entstehen: *ein bisschen, ein paar* (= *einige*); aber: *ein Paar Schuhe*

20 Setze den Satzanfang fort und achte auf die richtige Schreibung!

Beispiel: eislaufen ▸ *Peter läuft im Winter gerne eis.*

1. preisgeben: Der Verdächtige gab ....
2. kopfstehen: Alle Schüler stehen ....
3. stattfinden: Das Konzert fand ....
4. standhalten: Die Konstruktion hält ....
5. teilhaben: Jeder hat ....
6. teilnehmen: Viele Interessierte nahmen ....
7. achtgeben/Acht geben (2 Mögl.) Bitte gebt ....
8. haltmachen/Halt machen (2 Mögl.) Der Junge machte erst ....
9. maßhalten/Maß halten (2 Mögl.) Halte beim ....

21 Setze richtig ein.

1. Er .... zwar .... (KOPF STEHEN), aber das lässt sich nicht mehr ändern.
2. Wenn ich daran nur denke, wird mir .... und .... (ANGST, BANGE).
3. Es .... mir so .... (LEID TUN), dass ich dich enttäuscht habe.
4. Wir wollen euch bestimmt nicht .... (ANGST MACHEN).

5. Mein Vater hat mir versprochen, sich für mich mehr .... zu .... (ZEIT NEHMEN).

6. .... der Tanzkurs diese Woche schon .... (STATTFINDEN)?

7. Lisa .... trotz meiner Versprechungen ihr Geheimnis nicht .... (PREISGEBEN).

8. Ich glaube, man hat ihr da .... (UNRECHT TUN).

9. Es ist eine Familientradition, ... (SONNTAGS) eine kleine Wanderung zu unternehmen.

10. Wer wird heutzutage .... (MORGENS) noch von einem Hahn geweckt?

11. Sie kam .... (GERADEWEGS) auf mich zu.

12. Die Jalousie wird .... (MITTELS) Aufzugseilen hochgezogen.

13. Das neue Modell .... auch enormen Belastungen .... (STANDHALTEN).

14. Am letzten Seminar haben 100 Personen .... (TEILNEHMEN).

15. Ich erkläre euch .... (KRAFT) meines Amtes zu Mann und Frau!

16. Leider konnten wir .... (TROTZ) eurer Hilfe nicht mehr fertig werden.

17. Unsere Nachbarin .... schon .... (EISLAUFEN), seit sie fünf Jahre alt ist.

18. Die Englischstunde .... heute im Sprachlabor .... (STATTFINDEN).

19. Sie erfreute sich .... (ZEIT) ihres Lebens bester Gesundheit.

20. Sei mir doch deshalb nicht gleich .... (GRAM)!

22 Leite von folgenden Nomen Adverbien oder Präpositionen auf *-s* ab. Verwende fünf Wörter deiner Wahl in eigenen Sätzen und schreib diese in dein Heft!

halber Weg	*halbwegs*	Flug	....
Sonntag	....	Tag	.... (+ darauf)
Vormittag	....	Recht	....
Angesicht	....	Willen	....
Mangel	....	Anfang	....
Namen	....	Donnerstag	....
Nacht	....	Fall	....
Mittel	....	Teil	....

23 Setze nun die passenden Adverbien ein.

1. Leider konnte er sich .... darauf an nichts mehr erinnern. (*Tag*)
2. Der Angeklagte wurde .... Beweisen freigesprochen. (*Mangel*)
3. Ich bin nicht ...., diesen Anweisungen Folge zu leisten! (*Willen*)
4. Nach der schweren Krankheit hat sich mein Nachbar .... wieder gut erholt! (*Flug*)
5. Wir schlichen uns .... aus unseren Schlafzimmern. (*Nacht*)
6. Ich halte es für richtig, dass wir .... dieser Tatsache nicht auf Urlaub fahren. (*Angesicht*)
7. Er gab zu, dass er .... seine Probleme mit unserer Klasse hatte. (*Anfang*)
8. Die Klassensprecherin protestierte .... der ganzen Klasse. (*Namen*)

24 Setze die folgenden Fügungen richtig in die Sätze ein!

Beispiel*: Trotz + Widerstand:* Die Regierung beschloss ihr Programm *trotz* heftigen *Widerstandes*.

Zeit + Leben, Dank + Wille, Statt + Kleid, Trotz + Regen, Kraft + Amt, Dank + Spenden

1. Ich werde mich .... meines .... an diesen besonderen Tag erinnern.
2. Der Richter hat .... seines .... gehandelt.
3. Das Dorf, das vom Tsunami vernichtet worden war, konnte .... der großzügigen .... wieder aufgebaut werden.
4. Mein Bruder schaffte das Studium .... seines starken ....
5. Wir werden .... des .... auf den Berg gehen.
6. Sie kaufte .... eines roten .... lieber ein schwarzes.

25 *„paar/Paar"* und *„bisschen"* werden gerne verwendet. Setze richtig ein!

1. Ein .... Geduld kann nie schaden.
2. Gib mir noch ein .... Hustenbonbons für die Reise mit!
3. Sie sind schon seit Monaten ein ....
4. Mit ein .... Glück können Sie dieses Cabrio gewinnen!
5. Gönn dir doch ein neues .... Schuhe.
6. Dieses .... scheint auf dem Eis unschlagbar.
7. Mit ein .... netten Worten kannst du mich immer aufbauen.
8. Wenn das noch ein .... mal (oder paar Mal) passiert, dann gibt es Ärger!
9. Von diesen lustigen Zehensocken habe ich noch ein ....
10. Seid doch mal ein .... ruhiger, liebe Kinder!

4 Großschreibung bei Zusammensetzungen mit Bindestrich

EINFACH KOMPAKT — **Nomen mit Bindestrich**

- Bei Zusammensetzungen mit **Einzelbuchstaben, Abkürzungen, Ziffern** steht **immer ein Bindestrich:** *die G-Dur, der Kfz-Händler, der 8-Zylinder*
- Auch in **Zusammensetzungen**, die **mehr als zwei Bestandteile** umfassen **oder** deren Bestandteile **besonders betont** werden sollen, findet sich oft ein Bindestrich: *Albert-Einstein-Platz, Friedrich-Schiller-Gymnasium, der Stop-and-go-Verkehr, die Hals-Nasen-Ohren-Ärztin, die Moskau-treue Gruppierung, die Hoch-Zeit*
- Das **erste Wort** eines so zusammengesetzten Nomens wird immer **großgeschrieben.**
- **Zusammengesetzte Fremdwörter:** Handelt es sich bei den Einzelwörtern um Nomen, kann auch ein Bindestrich gesetzt werden: *Science-Fiction* (statt *Sciencefiction*)
- Der Bindestrich kann stehen, wenn **drei gleiche Buchstaben** zusammentreffen: *Brenn-Nessel, Schiff-Fahrt, Tee-Ei* (es müssen aber alle Buchstaben geschrieben werden)
- Der **Bindestrich** ist **ohne Zwischenraum** (oder Leertaste) an die Wortteile anzuschließen!

26 **Schreibe die folgenden Zusammensetzungen mit Artikel richtig auf! Denke daran: Das erste Wort einer substantivischen Zusammensetzung wird großgeschrieben!**

1. pro + Kopf + Verbrauch: *der Pro-Kopf-Verbrauch*
2. zwei + Euro + Stück: ....
3. Erste + Hilfe + Kurs: ....
4. Main + Rhein + Donau + Kanal: ....
5. Dr. + Karl + Renner + Ring: ....
6. C + Dur + Tonleiter: ....
7. Wiener + Philharmoniker + Konzert: ....
8. Harry + Potter + Band: ....
9. alles + oder + nichts + Spiel: ....
10. Erdbeer + Sahne + Torte: ....
11. 15 + Minuten + Pause: ....
12. Herz + Kreislauf + Versagen: ....
13. U + Bahn + System: ....
14. ein + Kind + Politik: ....
15. Kopf + an + Kopf + Rennen: ....
16. CD + ROM + Laufwerk: ....
17. E + Mail + Verkehr: ....
18. open + end + Diskussion: ....
19. Maria + Theresien + Taler: ....
20. E + Mail + Adresse: ....
21. Topfen + Nougat + Fülle: ....

27 Bei wenigen Ausnahmen bleibt der Anfangsbuchstabe klein: Ihnen liegt eine kleingeschriebene fachsprachliche Abkürzung zugrunde.

1. a + Moll + Symphonie: *die a-Moll-Symphonie (= Sinfonie)*
2. i + Tüpfelchen + Reiter: ....
3. pH + Wert: ....
4. s + Schreibung: ....
5. i + Punkt: ....
6. km + Stand: ....
7. y + Achse: ....
8. γ + Strahlen: ....
9. c + Moll + Akkord: ....

28 Beachte: Wörter (auch fremdsprachige), die keine Nomen sind, schreibt man innerhalb von Zusammensetzungen klein! Der erste Bestandteil wird aber in jedem Fall großgeschrieben!

1. ENTWEDER + ODER: *das Entweder-oder*
2. ALS + OB: ....
3. COUNT + DOWN: ....
4. MAKE + UP: ....
5. TRIMM + DICH + FIT + PARCOURS: ....
6. DO + IT + YOURSELF + BAUMARKT: ....
7. DRIVE + IN + RESTAURANT: ....
8. POINT + OF + NO + RETURN: ....
9. BLACK + OUT: ....
10. KNOW + HOW: ....
11. K. + O. + SCHLAG: ....
12. SCIENCE + FICTION: ....
13. GEBURTSTAG(S) + GRATIS + SMS: ....
14. BURN + OUT + SYNDROM: ....
15. PARK + AND + RIDE + SYSTEM: ....
16. PRO + KOPF + VERBRAUCH: ....
17. SOWOHL + ALS + AUCH: ....
18. TEILS + TEILS: ....

5 Großschreibung bei Nominalisierungen/Substantivierungen

EINFACH KOMPAKT	Signale für Nominalisierung/Substantivierung
	Wörter anderer Wortarten, wie **Adjektive**/Eigenschaftswörter oder **Verben**/Zeitwörter (Infinitiv/ Partizip), können als Nomen verwendet werden. Sie werden dann **großgeschrieben**. Die **möglichen Signale** für eine Nominalisierung sind: ein **Pronomen**/Fürwort, ein **Attribut**/eine Beifügung oder ein **unbestimmtes Zahlwort** davor: ***dein schnelles*** *Laufen*, ***nichts*** *Neues* Auch bloße **Präpositionen**/Vorwörter davor zeigen Großschreibung an: ***durch*** *Laufen*, ***bei*** *Singen der Lieder*, ***auf*** *Rot*

29 Bilde Nominalisierungen mit den angegebenen Verben und finde passende adjektivische Attribute.

Beispiel: **Verben:** … kontrollieren …
Adjektive: … genau … ► *das genaue Kontrollieren, genaues Kontrollieren*

Verben:	*genießen, laufen, niesen, fernsehen, beten, lächeln, lachen, nachgeben, durchatmen*
Adjektive:	*tief, freundlich, ewig, regelmäßig, hysterisch, stundenlang, übermäßig, innig, stark*

1. ……………………………………………
2. ……………………………………………
3. ……………………………………………
4. ……………………………………………
5. ……………………………………………
6. ……………………………………………
7. ……………………………………………
8. ……………………………………………
9. ……………………………………………

30 Verwende die Wortgruppen aus Übung 29 in Sätzen und unterstreiche das nominalisierte Verb.

Beispiel: *Das genaue Kontrollieren der Großschreibung ist bei dieser Übung besonders wichtig.*

1. ……………………………………………
2. ……………………………………………
3. ……………………………………………
4. ……………………………………………
5. ……………………………………………
6. ……………………………………………
7. ……………………………………………
8. ……………………………………………
9. ……………………………………………

31 **Nominalisierungen finden sich auch ohne vorausgehendes Signalwort. Schreibe die Sätze in Normalschrift auf.**

1. ES WURDE AUCH UNWICHTIGES LANGE BESPROCHEN.
2. ZUM KAFFEE NIMMT MAN GERNE GEBACKENES.
3. SELBST ERPROBTES (= SELBSTERPROBTES) HAT EINEN HÖHEREN LERNEFFEKT.
4. SIE SCHENKT ZU WEIHNACHTEN GERNE SELBST GEBASTELTES (= SELBSTGEBASTELTES).
5. OFT KANN UNVERHOFFTES KOMMEN.

....

....

....

....

....

32 **In folgendem Text sind Wörter in Großbuchstaben ausgeführt. Gib an, ob diese Wörter groß- oder kleingeschrieben werden.**

1. Manchmal wollen Menschen beim WASCHEN etwas SINGEN.
2. Die einen heben beim DUSCHEN ihre Stimme, andere BADEN und SPIELEN den fröhlichen Kapitän.
3. Selbst beim ZÄHNEPUTZEN ist manchen zum TRÄLLERN.
4. Oft bleibt es dabei nur bei einem leisen BRUMMEN.
5. Musik hat oft etwas HEITERES.
6. SINGEN macht einfach Spass (= Spaß), auch im NASS!

6 Nominalisierung von Infinitiven

33 **Forme den Satz mit dem unterstrichenen Verb so um, dass daraus ein Substantiv wird.**

Beispiel: *Es ist nicht ratsam, den heißen Asphalt zu betreten.* ►
Das Betreten des heißen Asphalts ist nicht ratsam.

1. Es ist verboten, vor Altersheimen zu hupen.

   ....

2. Es ist gesund, 2 bis 3 Liter Flüssigkeit pro Tag zu trinken.

   ....

3. Es ist nicht notwendig, rationale Brüche zu behandeln.

   ....

4. Es ist verboten, hier mit offenem Feuer zu hantieren.

   ....

5. Es ist verboten, in das Geschäft Hunde mitzunehmen.

....

6. Es ist notwendig, die Dateien abzuspeichern.

....

7. Es ist nicht erlaubt, in diesem Raum zu rauchen.

....

8. Es ist gestattet, während des Einkaufs hier zu parken.

....

9. Es ist spannend, Tiere in der Natur zu beobachten.

....

10. Es ist untersagt, hier selbst mitgebrachte Speisen zu verzehren.

....

34 Unterstreiche die Signale für die Nominalisierung und setze richtig ein! Beachte die Verschmelzung von Präposition und Artikel: *von + dem = vom, bei + dem = beim ...*

1. Sie hat vom .... (RECHNEN) jetzt genug.
2. Immer nur ans .... (LERNEN) zu denken, ist lähmend.
3. Durch .... (FERNSEHEN) kann man sich auch Wissen aneignen.
4. Beim .... (SPIELEN) hat er nie viel Glück.
5. Ihr könnt uns alle durch .... (KLATSCHEN) unterstützen!
6. Du denkst immer nur ans .... (FEIERN), nie ans .... (ORGANISIEREN) von Festen!
7. Vom stundenlangen .... (FERNSEHEN) bekomme ich aber Kopfschmerzen.

35 Unterstreiche die als Nomen gebrauchten Verben. Bilde nach folgendem Muster Sätze und schreibe sie auf.

Beispiel: *Verkäuferinnen lachen.* ► *Wir hören das Lachen der Verkäuferinnen.*

1. Die Bremse des Zuges quietscht: ....
2. Gepäckstücke werden aufgeladen: ....
3. Die Bahnhofsuhr tickt: ....
4. Tickets werden gedruckt: ....
5. Menschen winken: ....
6. Kinder weinen: ....

36 Welche Präpositionen sind hier verschmolzen? Ordne richtig zu und schreibe die Sätze dann in Normalschrift auf! Achte auf die Satzzeichen.

1. dieses buch weckt die lust <u>am</u> lesen	in + dem
2. bist du gut <u>im</u> rechnen	an + dem
3. <u>beim</u> laufen blieb ihm die luft weg	für + das
4. ich habe heute keinen bock <u>aufs</u> lernen	bei + dem
5. <u>zum</u> rasten hatten wir keine zeit	zu + dem
6. ich habe genug <u>vom</u> tanzen	auf + das
7. nimm dir zeit <u>fürs</u> durchlesen der schularbeit	von + dem

1. *Dieses Buch weckt die Lust am Lesen.*

2. ....

3. ....

4. ....

5. ....

6. ....

7. ....

37 Aus zwei mach eins! Forme folgende Satzpaare jeweils nach dem gegebenen Beispiel um.

Beispiel: *Du kletterst waghalsig am Baum. Du kannst dabei herunterfallen.* ►
Beim waghalsigen Klettern am Baum kannst du herunterfallen!

1. Der Briefträger klagt über die Werbeflut. Er vergisst dabei(,) mir die Post zu geben.

   Beim ....

2. Du hast sparsam gewirtschaftet. Du hast dir dadurch einiges Geld erspart.

   Durch ....

3. Ihr müsst regelmäßig trainieren! Nur so könnt ihr in der nächsten Saison aufsteigen!

   Nur durch ....

4. Menschen reden über Computer. Viele verwenden dabei gerne das Wort „online".

   Beim ....

5. Du tippst eine SMS. Du verwendest dabei auch die Groß- und Kleinschreibung.

   Beim ....

EINFACH KOMPAKT — Nominalisierung von mehrteiligen Infinitiven mit Bindestrich

- Wenn **mehrteilige Infinitive**/Nennformen (also Infinitive mit längeren Objekten/Vorwortergänzungen) nominalisiert werden, schreibt man das erste Wort und den abschließenden Infinitiv groß. Zwischen den einzelnen Gliedern der Zusammensetzung steht ein Bindestrich: *das In-den-April-Schicken*

38 Setze fort.

1. von + der + Hand + in + den + Mund + leben: *Das Von-der-Hand-in-den-Mund-Leben*
2. auf + der + faulen + Haut + liegen: ....
3. auf + und + davon + laufen: ....
4. auf + die + lange + Bank + schieben: ....
5. aus + der + Haut + fahren: ....
6. in + den + Tag + hinein + leben: ....
7. ad + absurdum + führen: ....
8. in + den + Spiegel + schauen: ....
9. tief + in + die + Augen + schauen: ....
10. hinter + mir + die + Sintflut + denken: ....
11. willst + du + mich + nicht + ansprechen + zwinkern: ....
12. über + den + Brillenrand + schauen: ....
13. sich + nicht + die + Hände + waschen: ....

39 Zusammenfassende Übungen: Setze richtig ein!

1. Beim .... (SCHREIBEN) der Hausübung schlief Sarah ein.
2. Ich werde auch immer müde, wenn ich viel .... (SCHREIBEN) muss.
3. Bitte hilf mir beim .... (ANZIEHEN) deiner Schwester!
4. Jessica kann sich leider noch nicht alleine .... (ANZIEHEN)
5. Florian ist gestern beim .... (HIN- UND HERLAUFEN) gestürzt.
6. Mein Vater ist bei meiner Geburt vor Aufregung angeblich ständig ....
   (HIN- UND HERLAUFEN)
7. Das .... (RAUCHEN) im Schulgebäude ist verboten.
8. Marianne hat mit 13 zu .... (RAUCHEN) begonnen.
9. Durch intensives .... (TRAINIEREN) konnte Mario seine Technik verbessern.
10. Dieses ewige .... (TRAINIEREN) macht mich ganz schön fertig.
11. Ab jetzt darf Hans seine eigene Mannschaft .... (TRAINIEREN)
12. Das .... (RAD FAHREN) ist Papas größtes Hobby.
13. Nadine ist nach dem .... (RAD FAHREN) in den Pool gesprungen.
14. Hast du Lust, heute Nachmittag mit mir ....? (EISLAUFEN)

15. Beim ersten Mal .... (SCHWIMMEN) hatte ich Angst.

16. Wenn es draußen winterlich kalt ist, denke ich sofort ans .... (SKI LAUFEN)

17. Meine Freundin und ich werden den ganzen Tag .... (RAD FAHREN)

18. Beim lauten .... (SINGEN) geht mir immer die Puste aus.

19. Wir .... (SINGEN) laut, falsch und mit Begeisterung.

20. Das .... (BEMALEN) der Tische ist verboten!

40 Jetzt wird es schwieriger. Lies dir am besten nochmals die Signale für die Nominalisierung durch!

1. Meine Oma ist sehr reiselustig und kann deshalb viel .... (ERZÄHLEN)

2. Soll ich dir etwas ....? (ERZÄHLEN)

3. Das oftmalige .... (ERZÄHLEN) der Geschichte hat den Inhalt stark verändert.

4. Zeitgerechtes .... (HANDELN) ist in jedem Fall wichtig.

5. Das .... (HANDELN) mit Seide stellt seinen Lebensunterhalt dar.

6. Ein gepflegtes .... (AUFTRETEN) ist sehr wichtig.

7. Robert hat sich den Fuß verstaucht – jetzt kann er nicht mehr .... (AUFTRETEN)

8. Dein ständiges .... (ÜBER DEN BRILLENRAND BLICKEN) stört mich!

9. Das geheimnisvolle .... (FUNKELN) seiner Augen fasziniert sie.

10. Die Sterne .... (FUNKELN) heute besonders hell.

11. Am liebsten würde er in Australien zur Schule .... (GEHEN)

12. Seit ihrem schweren Unfall macht ihr das .... (GEHEN) große Schwierigkeiten.

13. Neben .... (ZAUBERN) stehen auch viele andere Fächer auf dem Stundenplan.

14. In Hogwarts lernt Harry Potter das .... (ZAUBERN)

15. Harry, Ron und Hermine lernen zu .... (ZAUBERN)

16. Zum .... (FANGEN) des Goldenen Schnatz braucht man einen guten Sucher.

17. Gestern habe ich mich beim .... (LAUFEN) verkühlt.

18. Ich gehe zweimal in der Woche .... (LAUFEN)

19. Wenn ich krank bin, habe ich Probleme beim .... (EINSCHLAFEN)

20. Wenn ich abends lange vor dem Computer sitze, kann ich nur sehr schwer .... (EINSCHLAFEN)

21. Das .... (AUFSTEHEN) am Morgen ist für meinen Bruder am schlimmsten.

22. Das illegale .... (HERUNTERLADEN) von Filmen und Musik im Internet wird bestraft.

23. Es ist faszinierend, wie geschickt Affen von einem Baum zum nächsten .... (SCHWINGEN)

24. Wir haben Affen beim .... (SCHWINGEN) von Baum zu Baum beobachtet.

25. Weißt du schon, was du Sebastian zum Geburtstag .... (SCHENKEN) wirst?

26. Ich weiß, Sebastian etwas zu .... (SCHENKEN), ist sehr schwierig.

27. Das .... (CHATTEN) im Internet macht mir eigentlich keinen Spaß.

28. Ich möchte lieber mit meiner Freundin .... (TEE TRINKEN)

29. Die hartnäckige Halsentzündung habe ich vom stundenlangen .... (HERUMLAUFEN) im Regen.

30. Dein ewiges .... (MECKERN) kann ich nicht mehr hören!

31. Hast du Lust, mich beim .... (SINGEN) auf der Gitarre zu begleiten?

32. Er mag nicht mehr auf seiner Flöte .... (SPIELEN)

33. Zum .... (FÜLLEN) von Palatschinken brauchst du Marmelade oder Haselnusscreme.

34. Sehr zu empfehlen ist auch, sie mit Nüssen und Vanilleeis zu .... (FÜLLEN)

35. Am besten ist, du verwendest Staubzucker zum .... (BESTREUEN)

36. Beim .... (ESSEN) musst du allerdings Acht geben, dass du dich nicht bekleckerst!

37. In den Urlaub nehme ich mir immer viel zu .... (LESEN) mit.

38. Vor dem .... (EINSCHLAFEN) hört Conny gerne Musik von *Coldplay*.

39. Möchtest du dir „Die Simpsons“ ....? (ANSEHEN)

40. Vom ständigen .... (AUF DER FAULEN HAUT LIEGEN) bin ich ganz geschwächt.

41. Zum .... (LESEN) liege ich gerne auf unserem Sofa.

42. Meine kleine Schwester lernt gerade .... (LAUFEN)

43. Das .... (GESTALTEN) der Plakate übernimmt die erste Gruppe.

44. Stundenlanges .... (TELEFONIEREN) ist für meine Freundin kein Problem.

45. Wir .... (TELEFONIEREN) oft stundenlang, ohne dass uns dabei die Themen ausgehen.

EINFACH KOMPAKT — **Nominalisierungen von mehrteiligen Infinitiven**

- **Einfache Fügungen aus Nomen**/Substantiv **und Verb**/Zeitwort, die im Infinitiv (= Nennform) getrennt geschrieben werden, werden **groß- und zusammengeschrieben**, wenn man sie als ein Nomen verwendet:
  Rad fahren ► *Das **Radfahren** ist beliebt.*

41 Wandle nach folgendem Muster um.

Infinitiv (Nennform)	Infinitiv mit (um) zu	Nominalisierung
Rad fahren	*(um) Rad zu fahren*	*das Radfahren*
Hausübung machen		
Schlange stehen		
Hände waschen		
Haare frisieren		
Suppe kochen		
Stiegen steigen		
Wäsche trocknen		
Snowboard fahren		
Briefe schreiben		
Tee trinken		
Basketball spielen		
Zimmer aufräumen		
Windel wechseln		
Musik hören		
Computer spielen		
einen Baum fällen		

42 Setze richtig ein.

1. Beim .... (STIEGEN STEIGEN) bleibt meinem Onkel die Luft weg.
2. Ich finde, dass das .... (SCHI FAHREN) viel schwieriger als das .... (SNOWBOARD FAHREN) ist.
3. Lisa hat sich beim .... (GESCHIRRSPÜLER AUSRÄUMEN) verletzt.
4. Meine Katze schnurrt immer beim .... (MILCH TRINKEN).
5. Ich muss meiner Schwester helfen, das .... (ZIMMER AUFRÄUMEN).
6. Beim .... (HAUSÜBUNG MACHEN) werde ich oft schrecklich müde.

7 Nominalisierung von Adjektiven und Partizipien

EINFACH KOMPAKT

- Werden **Adjektive**/Eigenschaftswörter (zB *das Große*) oder **Partizipien**/Mittelwörter (zB *das Gemeinte, das Folgende*) als Nomen verwendet, sind sie **großzuschreiben**. Signale dafür sind: **Artikel**, **Pronomen**/Fürwörter und vor allem **unbestimmte Zahlwörter** vor dem Adjektiv, wie: *nichts, wenig, manch, viel, alles ...*
- Das gilt auch in **festen Redewendungen**: *auf dem Trockenen sitzen, des Langen und Breiten*
- Bei **Fügungen mit Superlativ** (= Höchststufe eines Adjektivs: *schnell – schneller – **am schnellsten***) sind Adjektive kleinzuschreiben, wenn du mit **„Wie?"** danach fragen kannst: *Das solltest du dir **am besten** gleich merken!*
- Superlative in **Fügungen mit *aufs*** (zB *aufs h/Herzlichste*) können groß- oder kleingeschrieben werden: *Sei aufs h/Herzlichste willkommen!*

43 **Forme die Adjektive zu Nomen um, indem du den Artikel davorsetzt und verwende das Adjektiv als Beifügung.**

Adjektiv	Adjektiv als Nomen (groß)	Adjektiv als Beifügung (klein)
lustig	*das Lustige*	*zB.: das lustige Gesicht*
heiter		
interessant		
toll		
erfreulich		
einfach		
schöne		
reizend		
hell		

44 **Bilde Nominalisierungen, indem du die unbestimmten Zahlwörter *viel, alles, nichts, wenig, manch, allerlei* vor die Adjektive setzt, und verwende diese in kurzen Sätzen.**

gut (etwas +)	*etwas Gutes*	*zB.: Sie tun etwas Gutes.*
bestimmt (nichts +)		
wichtig (alles +)		
bedeutsam (viel +)		
edel (manch +)		
brauchbar (wenig +)		
enttäuschend (alles +)		
seltsam (allerlei +)		
alt (viel +)		
neu (nichts +)		

45 Vervollständige die Tabelle.

Positiv	Komparativ	Superlativ	Nominalisierung (des Superlativs)
gut	besser	am besten	das Beste
		am erfreulichsten	
sicher			
			das Erfrischendste
überraschend			
	berühmter		
		am leichtesten	
konkret			
	erschreckender		
			das Beliebteste
		am liebsten	
viel			
wenig			

46 Superlative: Groß oder klein!

1. Das sind die .... Makkaroni, die ich je gegessen habe. Das .... ist, sich alles in Ruhe zu überlegen. (BESTE/N)
2. Das .... beim Autofahren ist, sich anzuschnallen. Am .... fährt man angeschnallt. (SICHERSTE/N)
3. In diesem Fall halte ich Neuwahlen für das .... Neuwahlen sind am .... (WAHRSCHEINLICHSTE/N)
4. Janine hat beim Geografietest die .... Punkte. Du hast zu Weihnachten wieder das .... bekommen! (MEISTE/N)
5. Am .... muss ich für Mathematik lernen. Das ist das ...., was ich tun kann! (WENIGSTE/N)
6. Der Nachmittag mit dir ist das ...., was ich in letzter Zeit erlebt habe. Am .... fand ich den Film „Und täglich grüßt das Murmeltier". (LUSTIGSTE/N)
7. Der Stephansplatz ist in Wien am .... zu finden. Das .... ist, sich vor dem Stephansdom zu treffen. (EINFACHSTE/N)

8. Das erste Sudoku ist mir am .... gefallen. Das .... ist, zuerst die Reihen durchzurechnen. (LEICHTESTE/N)

9. In Österreich können die .... schwimmen. Am Wochenende finde ich immer die .... Gründe, um nicht lernen zu müssen. (MEISTE/N)

10. Also, das war wirklich am ....! Aber jetzt erzähle ich dir noch mein .... Ferienerlebnis. (INTERESSANTESTEN/S)

47 Setze richtig ein.

1. Am .... (HÄUFIGSTEN) höre ich zur Zeit Hip-Hop.
2. Das .... (SCHWIERIGSTE) ist, das Gleichgewicht zu halten.
3. Dieser Teil der Übung fällt mir am .... (SCHWERSTEN).
4. Wir werden Ihren Fall aufs .... (GENAUESTE) prüfen!
5. Am .... (MEISTEN) schätze ich an dir, dass du immer ein offenes Ohr für mich hast.
6. „Jedem das .... (SEINE) und mir das .... (MEISTE)" – oder so ähnlich ...
7. Wir bieten Ihnen nur die .... (ALLERBESTE) Qualität.
8. Das ist das .... (BESTE), was ich bisher gegessen habe.
9. Bei diesem Imbissstand gibt es die .... (BESTEN) Hotdogs, die du in der Stadt bekommen kannst.
10. Am .... (BESTEN) wird wohl sein, wenn wir die Übung noch einmal gemeinsam durchgehen.
11. Es ist bestimmt nicht immer .... (EINFACH), alleinerziehend zu sein.
12. Das .... (EINFACHSTE) ist oft nicht das .... (BESTE).
13. Das .... (AUFREGENDSTE), was mir bisher widerfahren ist, behalte ich doch .... (LIEBER) für mich.
14. Von allen Motorrädern gefällt mir die *Ducati* am .... (BESTEN), weil sie am .... (WENDIGSTEN) ist.
15. Andreas ist der .... (LUSTIGSTE), mit ihm habe ich den .... (MEISTEN) Spaß.
16. Sie begrüßte ihren Freund aufs .... (HERZLICHSTE).

48 Unterstreiche zuerst die Signalwörter für die Nominalisierung und setze dann richtig ein.

1. Ich wünsche euch alles .... (GUT) zum Hochzeitstag!
2. Alles .... (WEITER) erzähle ich dir morgen.
3. Städtereisen haben für manche Menschen nichts .... (ATTRAKTIV).
4. Sein Vortrag enthielt für mich nichts .... (NEU).
5. Das Christkind bringt für alle Kinder etwas .... (SCHÖN).
6. Am Flohmarkt kann man allerlei .... (BRAUCHBAR) finden.
7. Kannst du uns nichts .... (ERFREULICH) berichten?
8. Ich würde mir so gerne etwas .... (SCHICK) kaufen!
9. Der Roman bietet leider wenig .... (SPANNEND).
10. In der letzten Sitzung haben wir alles .... (UNANGENEHM) besprochen.
11. Es gibt nichts .... (PEINLICHER), als mit meiner Mutter Kleidung zu kaufen.
12. Mir ist gestern etwas wirklich .... (LUSTIG) passiert.
13. Für meinen Bruder gibt es nichts .... (SCHLIMMER), als das Zimmer aufzuräumen.
14. Du kannst dir von deinem Taschengeld gerne etwas .... (EIGEN) kaufen!
15. Nach den Sommerferien weiß sie immer viel .... (AUFREGEND) zu berichten.
16. Im Ausverkauf hat er leider nichts .... (PASSEND) gefunden.
17. Diese Formeln enthalten meiner Meinung nach nichts .... (LOGISCH).
18. Was hast du gestern gemacht? Eigentlich nichts .... (BESONDERES).
19. Mir ist leider nichts .... (BESSER) eingefallen.
20. Gestern ist meiner Freundin etwas ganz .... (BLÖD) passiert.
21. Stell dir nur etwas .... (BERUHIGEND) vor!
22. Hast du schon so etwas .... (GEMEIN) erlebt?
23. Manches .... (KURIOS) findet sich am Dachboden.
24. Es gibt nichts .... (GUTES), außer man tut es.
25. Gestern habe ich etwas .... (KOMISCH) erlebt.

49 Groß oder klein? Setze richtig ein.

1. In den Urlaub nahmen wir heuer nur .... (WENIG) Gepäck mit.
2. Das ist das .... (EINZIG), was ich für Sie tun kann!
3. Dein Klassenvorstand hat leider wenig .... (GUT) über dich zu berichten.
4. Möchtest du vielleicht etwas .... (LUSTIG) hören?
5. Bitte erzähl mir zuerst das .... (GUT)!
6. Das ist wirklich eine .... (GUT) Nachricht!
7. Der .... (SPANNEND) Film ließ mich nicht zum Telefon gehen.
8. Das .... (BEMERKENSWERT) an diesem Roman sind seine Schauplätze.
9. Der Mann hat wenig .... (VERSTÄNDLICH) von sich gegeben.
10. Jedes .... (NEUGEBOREN) erkennt seine Eltern.
11. Du musst auch das .... (KLEINGEDRUCKT) lesen!
12. Wenn ich Zeit habe, werde ich alles .... (ERLEBT) in meinen Memoiren niederschreiben.
13. Das ist das .... (NETTEST) Kompliment, das bisher jemand zu mir gesagt hat!
14. Am .... (SCHÖN) finde ich die Farbe Weinrot.
15. Er hat mir das .... (BLAU) vom Himmel versprochen.
16. Unsere Lehrerin wurde .... (ROT) vor Zorn.
17. Das .... (ÜBERRASCHEND) an diesem Abend war, dass sie sich, ohne viel zu reden, gut verstanden.
18. Diese Idee ist wirklich .... (GENIAL)!
19. Das .... (FASZINIEREND) an seiner Geschichte war, dass er alles auch selbst erlebt hatte.
20. Meine Großmutter hat mir eine .... (BERÜHREND) Geschichte aus ihrer Kindheit erzählt.
21. Am .... (SCHOCKIERENDST) fand ich die Jagdszenen.
22. Der Film hat viele .... (SCHOCKIEREND) Szenen.
23. Weißt du schon das .... (NEUESTE)?
24. Das soll der .... (LETZTE) Schrei in London sein!
25. Es gibt nichts .... (ERHOLSAMERES), als am Strand zu lesen.
26. Sie brachte uns etwas .... (ERFRISCHEND) zu trinken.
27. Ich möchte bitte eine .... (EISKALTE) Limo!

EINFACH KOMPAKT — **Adjektive in besonderer Verwendung**

- **Redewendungen aus Präposition**/Vorwort **und nicht dekliniertem Adjektiv**/Eigenschaftswort (ohne Artikel bzw. Fallendung) werden generell **kleingeschrieben**:
  von früh auf, von klein auf, durch dick und dünn, grau in grau, über kurz oder lang, schwarz auf weiß, von nah und fern; für dumm verkaufen, zu eigen machen
- **Redewendungen mit dekliniertem Adjektiv können groß- oder kleingeschrieben werden:**
  bis auf weiteres/Weiteres, seit kurzem/Kurzem, von weitem/Weitem, von neuem/Neuem
- Nicht deklinierte Adjektive in **Paarformeln**, die Personen bezeichnen, sind **großzuschreiben**:
  *Arm und **R**eich, **J**ung und **A**lt, **G**roß und **K**lein feierten ausgelassen.*
- **Farb- und Sprachadjektive** werden in Verbindung mit Präpositionen immer **großgeschrieben**:
  *auf **S**panisch, auf **D**eutsch, in **B**lau, in **R**ot* (wenn sie nicht Attribut zu einem Nomen sind: *Wir lesen den Roman in spanischer Sprache.*)

50 Setze die folgenden Redewendungen richtig ein!

durch dick und dünn, grau in grau, für dumm verkaufen, für wahr halten, schwarz auf weiß, über kurz oder lang, von klein auf, von früh bis spät, von nah und fern

1. Hier steht .... geschrieben, dass ich Recht habe!
2. .... werden wir uns nach anderen Möglichkeiten umsehen müssen.
3. Wir sind Freunde und gehen gemeinsam ....
4. Ich bin es .... gewöhnt, für mich selbst zu sorgen.
5. Man hört die Glocken ....
6. Koffeinfreien Kaffee kann man .... genießen.
7. Im Herbstnebel liegt die Landschaft ....
8. Aber ich lasse mich doch nicht ....
9. .... du denn diese Lügengeschichte ....?

51 Entscheide dich für eine Schreibweise (groß oder klein) und setze die passende Redewendung ein!

von w/Weitem, von n/Neuem, seit k/Kurzem, bis auf w/Weiteres, seit l/Längerem, seit n/Neuestem, bei w/Weitem, binnen k/Kurzem, ohne w/Weiteres

1. .... bekommen wir auch in Chemie eine Hausübung.
2. Ich habe dich schon .... erkannt!
3. Wir kennen uns erst ...., aber wir verstehen uns sehr gut.
4. Der Schiliftbetrieb ist .... eingestellt.
5. Mein Vater arbeitet schon .... an einem Drehbuch.
6. Das Experiment hat nicht funktioniert, aber wir versuchen es ....
7. Dieses Ergebnis übertrifft meine Erwartungen ....
8. Die Konzertkarten waren .... ausverkauft.
9. Das kann .... noch ein zweites Mal verwendet werden.

52 Hier stimmt etwas nicht – stelle die Paarformeln richtig und ergänze dann die Sätze!

Gleich und Alt, Groß und Reich, Dick und Gleich, Jung und Klein, Arm und Dünn

....

....

1. .... gesellt sich gerne.
2. Unser Familienhotel bietet Spaß für ....
3. Besonders in Großstädten sieht man die Unterschiede zwischen ....
4. Zu unserem Fest kamen Freunde jeden Alters – .... feierten gemeinsam unsere Hochzeit.
5. Zur Eröffnung des neuen Fitnessstudios kommen ....

53 Streiche den falschen Anfangsbuchstaben durch!

1. Mein Kleid für den Ball am Samstag ist K/knöchellang, S/schwarz und T/tailliert.
2. Bei uns sind alle Menschen herzlich W/willkommen: G/große und K/kleine, J/junge und A/alte.
3. Wir verbleiben so, wie besprochen, bis auf W/weiteres.
4. Meine Mutter unterhält sich mit ihrer Freundin auf I/italienisch.
5. Die Zeitung ist in T/türkischer Sprache geschrieben.
6. Sprichst du fließend E/englisch?
7. Ich habe dich schon seit L/längerem beobachtet!
8. Der K/kleine W/weiße Hase hoppelt A/ahnungslos über das Feld.
9. Meine Mutter war bei ihrer Hochzeit ganz in W/weiß gekleidet.
10. In der Großstadt leben sehr viele A/arme, aber auch viele R/reiche Menschen.
11. New York ist eine Stadt, in der A/arm und R/reich wohnen.
12. Seit K/kurzem ist es nicht mehr gestattet, in diesem Gebäude zu rauchen.
13. Bei ihnen läuft von F/früh bis S/spät der Fernseher – das nervt G/gewaltig!
14. Meine Eltern sind mit mir schon von K/klein auf herumgereist.
15. Man erkennt von W/weitem, dass er in dich verknallt ist.
16. Hör auf, sonst werde ich gleich R/rot!
17. Du hast seit L/längerem gewusst, dass unsere Lehrerin schwanger ist?
18. Nur, weil etwas S/schwarz auf W/weiß geschrieben steht, muss es noch lange nicht richtig sein!
19. Ziehst du heute das A/alte oder das N/neue T-Shirt an?
20. In dem Laden in der Josefstadt gibt es A/altes und N/neues zu kaufen.

8 Besondere Kleinschreibung von Adjektiven

EINFACH KOMPAKT — **Adjektivische Beifügungen erkennen**

- Beachte: Adjektive mit Artikel davor werden kleingeschrieben, wenn sie sich als **Beifügung** auf ein **vorangehendes** oder **nachstehendes** Nomen beziehen!

*Petra ist die **A**ufmerksamste.*
*Petra ist die **a**ufmerksamste Zuhörerin.*

*Die **a**ufmerksamste von allen Zuhörerinnen ist Petra.*

*Von allen Zuhörerinnen ist Petra die **a**ufmerksamste.*

54 Wandle nach dem vorgegebenen Muster um:

Beispiel: *Peter – beste – Fußballspieler:*

- ▸ *Peter ist der Beste.*
- ▸ *Peter ist der beste Fußballspieler.*
- ▸ *Von allen Fußballspielern ist Peter der beste.*

1. Ingrid – lustigste – Freundin:

2. Jochen – erfahrenste – Teilnehmer:

3. Horst – coolste – Snowboarder:

4. Sabine – freundlichste – Mitarbeiterin:

5. Hans – schnellste – Spieler:

55 Setze nach dem vorgegebenen Muster fort.

Beispiel: zwei Röcke: kurz und lang ► *Ich habe zwei Röcke, einen kurzen und einen langen.*

1. drei Hemden: weiß, blau, schwarz

   ....

2. vier Glücksbringer: alt, neu, blau, golden

   ....

3. zwei Mobiltelefone: alt und neu

   ....

4. drei Schwestern: zwei jüngere und eine ältere

   ....

5. zwei Katzen: schwarz und getigert

   ....

56 Beifügung oder echte Nominalisierung: Vervollständige die Sätze richtig!

1. Sarah ist die .... Sarah ist die .... meiner Freundinnen. (SYMPATHISCH)
2. In unserer Klasse ist Dominic der .... Er ist der .... aller Schüler. (KLUG)
3. Der .... von allen Jungen ist Andreas. Andreas ist der .... Junge in unserer Klasse. (SCHLAGFERTIG)
4. Mein Vater trägt meistens .... Hemden. Am liebsten von allen Hemden sind ihm die .... (BLAU)
5. Ich habe mehrere Hosen eingepackt: .... und .... Im Sommer trage ich fast nur die .... (LANG, KURZ)
6. In der Literaturrunde ist Sabrina die .... Sabrina ist die .... Teilnehmerin. (BELESEN)
7. Du hast dir die .... Übung ausgesucht! Diese Übung ist bestimmt die .... (EINFACH)
8. Ich kenne alle Teile von „Herr der Ringe“: den ...., den .... und den .... (ERSTER, ZWEITER, DRITTER)
9. Thomas ist der .... In unserer Leichtathletikgruppe ist Thomas der .... Läufer. Unter den Läufern ist Thomas der .... (SCHNELL)

10. Von allen Schulabgängerinnen ist Julia die .... Julia ist die .... (ERFOLGREICH)

11. Es gibt zwei Aufgaben – willst du die .... oder die .... zuerst lösen? (EINFACH, SCHWIERIG)

12. Unsere Motorräder sind die ...., die es in Europa zu kaufen gibt. (SCHNELL)

13. Von allen Motorrädern halte ich dieses für das .... (SCHÖN)

14. Der .... (SCHNELL) Zug von allen war der TGV.

15. Von allen Freunden treffe ich Jakob am ...., weil er der .... ist. (LIEB, LUSTIG)

16. Welchen Schal hast du lieber: den .... oder den ....? (ROT, BLAU)

17. Professor Kaiser ist am .... von allen Lehrern. Jaqueline ist in unserer Klasse die .... (BELIEBT)

18. Die beiden waren die .... (INTERESSIERT) von allen Studenten im Hörsaal.

9 Groß- und Kleinschreibung von Zeitangaben

EINFACH KOMPAKT

- **Uhrzeitangaben:** Unmittelbar vor Zahlen schreibt man Bruchzahlwörter wie ***viertel*** klein (***viertel*** *vier, drei* ***viertel*** *acht,* ***halb*** *eins*), ansonsten groß (***V****iertel vor vier*)! Übrigens: *eine* ***viertel*** *Stunde = eine Viertelstunde*
- **Tageszeiten:** Nach **Adverbien**/Umstandswörtern wie *heute, gestern, morgen, vorgestern* schreibt man die nachfolgende Zeitangabe groß, zB: *heute* ***N****achmittag, gestern* ***A****bend, morgen* ***F****rüh.*
- **Wochentage:** Es heißt *montags, dienstags,* aber *eines Montags, eines Dienstags* (Artikelprobe!).
- **Wochentage und Tageszeiten** treten zusammengesetzt auf – als **Nomen**/Substantiv oder als **Adverb**: *der Montagabend* (Nomen/erkennbar am Artikel) – *montagabend****s*** (Adverb/erkennbar am Schluss-„s"). *Kommt ihr (am) Samstagabend zum Essen? Nein, uns wäre Sonntagmittag lieber.*

57 Wie spät ist es, bitte? Es ist ...

1. 19.45 = ... *drei viertel acht*
2. 9.15 = ...
3. 15.30 = ...
4. 10.20 = ...
5. 17.10 = ...
6. 05.35 = ...
7. 18.45 = ...
8. 21.30 = ...

58 Korrigiere die Sätze und schreibe sie richtig auf!

1. Wir treffen uns um Dreiviertel Sieben.

   ....

2. Das Konzert beginnt um viertelnachacht.

   ....

3. Jetzt ist es schon Halb Zwölf, und ich habe immer noch keine Nachricht von dir!

   ....

4. Mit dem Summerton wird es neun zehn Uhr und Fünfzehn Minuten.

   ....

5. Auf meiner Uhr ist es Drei nach Acht.

   ....

6. Er steht pünktlich um viertel Zehn vor deiner Tür.

   ....

59 Übertrage in Normalschrift!

1. MORGEN ABEND = ...
2. GESTERN NACHT = ...
3. HEUTE VORMITTAG = ...
4. MORGEN MITTAG = ...
5. HEUTE MORGEN = ...
6. GESTERN ABEND = ...
7. HEUTE NACHT = ...
8. MORGEN FRÜH = ...

60 Nomen oder Adverb? Setze richtig ein und schreibe in die Klammer ein (N) für Nomen oder (A) für Adverb.

1. Wir treffen uns immer .... (   ) DIENSTAGABENDS zum Fußballspielen.
2. Am .... (   ) FREITAGMORGEN gehe ich zum Judo-Training.
3. Ich habe ihn .... (   ) SAMSTAGNACHT mit einer anderen gesehen.
4. .... (   ) DONNERSTAGMITTAGS essen wir meistens in der Kantine.
5. Jeden .... (   ) MONTAGABEND sehen wir uns gemeinsam einen guten Film an.

6. .... ( ) SONNTAGNACHMITTAGS machen wir oft einen Spaziergang.

7. .... ( ) MONTAGMORGENS bin ich selten gut gelaunt.

8. Wie sieht's bei dir .... ( ) MITTWOCHNACHMITTAG aus? – Da könnten wir uns doch sehen!

9. Was hältst du von einem gemeinsamen Kinobesuch am .... ( ) FREITAGABEND?

10. Tut mir leid, ... ( ) FREITAGABENDS passe ich immer auf meine kleine Schwester auf!

11. Das Ritteressen ist für .... ( ) DIENSTAGABEND bestellt.

12. Weißt du, wer .... ( ) FREITAGMORGEN vor meiner Türe stand?

61 Auch bei den Zeit- und Maßangaben gibt es Nominalisierungen.

1. drei + viertel + Stunde = *eine Dreiviertelstunde*
2. tausendstel + Gramm = ...
3. hundertstel + Sekunde = ...
4. viertel + Liter = ...
5. drei + achtel + Takt = ...
6. drei + viertel + Kilo = ...

62 Vervollständige die Zeitangaben!

1. Um ...alb ...ieben beginnt die tägliche Vorabendserie.
2. Im Sommer stehe ich jeden Tag um ...rei ...iertel ...cht auf.
3. Seid um ...iertel ...ünf bereit – ich hole euch ab!
4. Tut mir leid, ich bin spät dran! Ja, ich weiß, wir haben ...iertel nach ...echs ausgemacht, nicht ...alb ...ieben.
5. Letzte Nacht bin ich ab ...rei ...iertel ...rei im Stundentakt aufgewacht.
6. Um ...alb ...eun beginnt bei uns die große Pause.
7. Bitte warte auf mich! Ich bin spätestens in einer ...iertelstunde/ ...iertel Stunde fertig!
8. Von ...alb ...cht bis ...rei ...iertel ...eun haben wir Turnen.
9. In unserem Bundesland sagt man nicht ...iertel ...cht, sondern ...iertel nach ...ieben.
10. Mit dem Summerton wird es ...in ...hr ...ehn.

10 Groß- und Kleinschreibung von Zahlwörtern

EINFACH KOMPAKT

- Werden **Ordnungszahlen** als Nomen verwendet, schreibt man sie **groß**:
  *Ich will **E**rste werden, am **Z**ehnten des Monats, Heinrich der **A**chte, Freitag der **D**reizehnte*
- **Kardinalzahlen unter einer Million** schreibt man **klein**, außer sie werden als Nomen verwendet: *null, eins, sechzig, tausend* (aber: *Du bist eine **N**ull. Sie bekam eine **E**ins.*)
- Beide Schreibungen sind möglich bei *h/Hundert, t/Tausend, d/Dutzend, wenn sie* **unbestimmte Mengen** angeben: *mehrere tausend/Tausend Fans, einige dutzend/dutzend Lieder.*
- Verbindungen mit ***-jährig*** werden großgeschrieben, wenn sie als Nomen verwendet werden: *die **V**ierjährige;* aber: *die vierjährige Tochter (oder die 4-**J**ährige bzw. die 4-jährige Tochter)*
- **Unbestimmte Zahladjektive** schreibt man **groß**, wenn sie als Nomen verwendet werden: *Jeder **E**inzelne hat seine Bestimmung. Du bist für mich der **E**inzige!*
- Die Zahladjektive ***viel-, wenig-, eine-, andere-*** können **klein- oder großgeschrieben** werden: *Die a/Anderen befinden sich auf der gegenüberliegenden Straßenseite. Sie kann mit w/Wenigem auskommen. Das kann v/Vieles bedeuten.*
- Beide Schreibungen sind vor ***Jahre(n)*** zulässig, zB: *die Achtziger/achtziger Jahre (auch: 80er Jahre/80er-Jahre)*

63 Setze richtig ein.

1. Seit ich ...ünfzehn bin, ist manches leichter geworden.
2. Als ...reizehnjähriger solltest du das schon wissen!
3. Zwei ...ünfzehnjährige Schülerinnen des Diebstahls überführt!
4. Mein Opa ist noch mit ...chtzig Motorrad gefahren.
5. Mit ...reißig möchte ich auf jeden Fall schon Kinder haben.
6. In den ...eunziger Jahren war der Retro-Stil modern.
7. Meine Eltern waren Mitte ...wanzig, als sie einander kennenlernten.
8. Mein Vater hat eine Flasche Rotwein aus den ...eunzigern aufgemacht.
9. Ich schätze, er ist an die ...reißig.
10. Im letzten Jahr hatte ich auch einen ...inser in Mathematik.
11. Den letzten Schulball besuchten einige ...undert Gäste.
12. Meine Lieblingszahl ist die magische ...ünf.
13. Lies dir Seite ...rei genau durch!
14. Wer einen ...echser würfelt, darf beginnen.
15. Wir ...wei haben viel gemeinsam!
16. Meine ...rei Lieblingsfarben sind: orange, blau und dunkelgrün.
17. Oje, heute ist Freitag der ...reizehnte!
18. Jetzt schlägt's ...reizehn!
19. Meine Oma feiert in Kürze ihren ...chtziger.
20. Am ...rsten des Monats gehe ich Haare schneiden.

11 Groß- und Kleinschreibung von Pronomen

EINFACH KOMPAKT

- Auch **Pronomen** können **nominalisiert** werden (Signalwörter oft: Artikel). ► Großschreibung: *Wer ist dieser **J**emand? Unsere Lehrerin hat uns das **D**u angeboten.*
- **Possessivpronomen**/besitzanzeigende Fürwörter können, **als Nomen verwendet**, **groß- oder kleingeschrieben** werden: *Er kennt die Seinen/seinen genau. Jedem das Seine/seine!*
- Alle anderen **Pronomen**, die statt eines Nomens stehen, werden **kleingeschrieben** (bis auf wenige **Ausnahmen** wie ***die beiden, ein jeder, ein mancher*** stehen diese immer ohne Artikel): *Ich habe alles vergessen. Er kann sich an nichts erinnern. Die beiden sind unzertrennlich. Wir haben etliche davon. Das sagt doch einiges. Er sagte so manches.*

64 Pronomen: Setze richtig ein. Achte auf mögliche Signale für Nominalisierung.

1. Schon so .... (MANCHER) hat sich an diesem Problem die Zähne ausgebissen.
2. Ich kann das .... (ALLES) einfach nicht glauben!
3. Hallo, ... (IHR BEIDEN)! Wollt .... (IHR EUCH) nachher mit uns treffen?
4. Von dieser neuen Lernmethode habe ich schon .... (EINIGES) gehört.
5. Und von diesem .... (NIEMAND) muss ich mir etwas sagen lassen?
6. Mein neuer Freund hat das gewisse .... (ETWAS).
7. Heute Nachmittag möchte ich einfach mal die Seele baumeln lassen und .... (NICHTS) tun.
8. Mir wird das .... (GANZE) jetzt schon zu viel.
9. Mein Rucksack fasst 25 Liter, deswegen kann ich nur .... (WENIGES) einpacken.
10. Es ist nicht das erste Mal, dass .... (EINIGE) von .... (EUCH) zu spät kommen!
11. Bestimmt können .... (SIE SICH) nicht mehr an mich erinnern!
12. Ihr braucht euch .... (MEINETWEGEN) nicht zu beeilen!
13. Sie hat das .... (IHRE) dazu beigetragen.
14. Das kümmert ihn offensichtlich .... (WENIG).
15. Grüß mir die .... (DEINEN)!
16. Du bist der .... (EINZIGE), der mir wirklich wichtig ist.
17. Er kannte .... (ETLICHE) von ihnen bereits vom Sehen.
18. Das ist .... (ALLES) nur geborgt!
19. Das .... (WENIG), das ihr geblieben ist, hat sie ihm geschenkt.
20. Ich bin froh, dass wir uns mit .... (SIE) anreden.
21. Hermine, du bist mein .... (EIN UND ALLES)!

22. Jedem das .... (SEIN) und mir das .... (MEIST).

23. Wir stehen vor dem .... (NICHTS).

24. Das .... (GANZE) war leider völlig umsonst.

25. Die .... (BEIDEN) turteln nun schon seit Wochen miteinander.

26. Wir haben im Urlaub so .... (EINIGE) erlebt.

27. Das habe ich .... (ALLES) schon einmal gesehen!

28. Ist das wirklich schon .... (ALLES)?

29. Meine Schwiegereltern haben mir das .... (DU) angeboten.

30. Du hast mir aber .... (WENIG) übriggelassen (= übrig gelassen)!

31. Das .... (EINZIG), was zählt, ist unsere Liebe.

32. Schon so .... (MANCH) hat sich über die neue Pausenregelung beschwert.

33. Nachdem wir uns schon eine Weile kennen, finde ich, dass wir zum .... (DU) übergehen sollten!

34. Du kannst .... (EINEM) leidtun!

35. Bitte lass mir auch .... (ETWAS) von der Schokolade übrig!

36. Es ist unglaublich, dass das geplante Straßenprojekt .... (KEINEN) stört.

37. Seit wann sind wir per .... (DU)?

38. Sie haben schon .... (MEHRERES) erlebt.

EINFACH KOMPAKT — **Großschreibung bei der höflichen Anrede**

- Die **Höflichkeitsanrede *Sie*** (mit den dazugehörenden Beugungsformen) und das entsprechende Possessivpronomen ***Ihr*** werden immer **großgeschrieben:**
  *Sind **Sie** sich da auch ganz sicher, dass **Sie Ihr** Auto hier geparkt haben? Fühlen **Sie** sich ganz wie zuhause!*
- **In Briefen kann man** die persönliche Anrede ***d/Du***, (***d/Dein***) und ***i/Ihr*** (***e/Euer***) **großschreiben:**
  *Liebe Sarah! Ich danke **dir (Dir)** für **deinen (Deinen)** lieben Brief!*

65 Groß oder klein?

1. Lieber Herr Meyer, wie geht es .... (IHNEN) jetzt?

2. Seit wann sind wir per .... (DU)?

3. Packen .... (SIE) .... (IHRE) Siebensachen und verschwinden .... (SIE)!

4. Liebe Autofahrer! Könnt .... (IHR) .... (EUREN) Müll nicht woanders abladen?

5. Hallo Schatz! Warum hast .... (DU) .... (DICH) so lange nicht gemeldet?

6. Julia kann .... (SICH) nicht erinnern.

7. Ich darf .... (IHNEN) die herzlichsten Grüße übermitteln, Herr Direktor.

8. Ich weiß, dass .... (SIE) für Tiere viel übrig haben, meine Liebe!

9. Liebe Helferinnen und Helfer, ich danke .... (IHNEN) allen für .... (IHRE) Leistung!

10. Niemand möchte jetzt mit .... (IHM) tauschen.

11. Hast du .... (SIE) in letzter Zeit einmal getroffen?

12. Ich bitte .... (SIE) nun, ... (IHRE) Mobiltelefone abzuschalten.

13. Sie hat .... (IHRE) Hunde gut unter Kontrolle.

14. Habt .... (IHR) vorhin nach mir gerufen, Peter und Susi?

15. Kann ich .... (IHNEN) helfen?

16. Sie behielt das .... (IHRE) immer im Auge.

17. Jetzt dürfen .... (SIE) .... (SICH) wieder setzen, liebe Festgäste.

18. Schöne Grüße aus den Bergen schickt .... (DIR) .... (DEIN) Karli. (auf einer Karte)

19. Hier müssen .... (SIE) .... (SICH) wohl geirrt haben, mein Lieber!

20. Ich rufe .... (EUCH) zu mehr Ordnung in der Garderobe auf! (aus einem Schreiben)

12 Großschreibung von Partikeln

EINFACH KOMPAKT

In Verbindung mit den Signalen der Nominalisierung können auch **Partikel**/kleine Wörter (Umstandswörter, Vorwörter, Bindewörter, Ausrufewörter) wie Nomen verwendet werden.
▸ **Großschreibung:**
*Im **N**achhinein war mir alles klar. Wäge das **F**ür und **W**ider ab! Kein **W**enn und **A**ber!*
*Sie vernahm ein leises „**A**ch“.*

66 Groß oder Klein? Setze richtig ein.

1. Das ewige .... (HIN UND HER) macht mich nervös!

2. Sein klares .... (NEIN) muss ich akzeptieren.

3. Ich habe ihn schon .... (DES ÖFTEREN) getroffen.

4. Sehr .... (OFT) muss ich an mein erstes Date mit dir denken.

5. Mit einem gleichgültigen „..“ (UND?) verließ Johnny den Raum.

6. Hast du das .... (FÜR UND WIDER) auch genau abgewogen?

7. Du könntest auf das ganze .... (DRUM UND DRAN) verzichten!

8. Was zählt, meine Lieben, ist das .... (HIER UND JETZT), nicht das .... (GESTERN).

9. Ich will, dass du mir .... (HIER UND JETZT) die Wahrheit sagst!

10. Mit Ihrem .... (JA) leisten Sie einen sinnvollen Beitrag zur Umwelt!

11. Es war .... (GESTERN) das übliche .... (ACH UND WEH) zu hören.

12. Sammeln wir zuerst die Argumente für das .... (PRO UND CONTRA)!

13 Großschreibung von Eigennamen

EINFACH KOMPAKT — **Großschreibung von Eigennamen**

- **Eigennamen** (Wörter für Personen, Dinge, Institutionen, Orte, Epochen etc.) werden **großgeschrieben**: *Alexander der **G**roße, **A**lter Markt, die **T**schechische Republik, der **S**chiefe Turm von Pisa, das Kap der **G**uten Hoffnung, **G**roßer **Ö**sterreichischer Staatspreis für Literatur, der **E**rste Weltkrieg, das **R**ömische Reich*
- Ableitungen von geografischen Eigennamen auf ***-er*** werden immer großgeschrieben: *Berlin**er** Pfannkuchen, Tirol**er** Knödel* (aber: *holländ**ischer** Käse, bayr**isches** Bier)*

67 Groß oder klein? Setze den fehlenden Buchstaben richtig ein!

B – I – S – B – F – W – A – G – R – F – L – H

die ......erliner Mauer, die ......talienische Riviera, die ......alzburger Festspiele, das ......randenburger Tor, der ......ranzösische Champagner, der ......iener Prater, die ......merikanische Freiheitsstatue, der ......riechische Bauernsalat, der ......ussische Wodka, die ......rankfurter Messe, die ......ondoner Börse, der ......amburger Hafen

68 Groß oder klein? Setze richtig ein!

1. Ich wollte schon immer die .... (PRAGER ALTSTADT) sehen.

2. Der .... (MÜHLVIERTLER SPECK) schmeckt besonders gut.

3. Möchtest du .... (GRIECHISCHER BAUERNSALAT) bestellen?

4. Mein großer Bruder kocht meistens .... (FRANKFURTER WÜRSTEL).

5. Hast du schon einmal .... (SCHWEIZER KÄSE) gekostet?

6. Bevorzugst du .... (ITALIENISCHE) oder .... (AMERIKANISCHE PIZZA)?

7. Am 9. November 1989 fiel die .... (BERLINER MAUER).

8. Ich esse gerne .... (TÜRKISCHEN DÖNERKEBAB) mit viel Knoblauchsoße.

9. Im .... (SCHÖNBRUNNER TIERGARTEN) leben zwei .... (CHINESISCHE PANDABÄREN).

10. Wir haben ein Hotel im .... (PARISER STUDENTENVIERTEL) gebucht.

11. Die .... (KRIMMLER WASSERFÄLLE) solltest du dir unbedingt ansehen!

12. Seit ein paar Jahren darf man den .... (SCHIEFEN TURM VON PISA) wieder betreten.

13. „Eine Semmel mit .... (MAILÄNDER SALAMI), bitte!"

14. Warst du schon einmal beim .... (VENEZIANISCHEN KARNEVAL)?

15. Die .... (ÖSTERREICHISCHE AUTORIN) Elfriede Jelinek erhielt den Nobelpreis für Literatur.

16. Der .... (WIENER PRATER) ist bekannt für sein Riesenrad.

17. Hier sind Bilder vom .... (RÖMISCHEN KOLOSSEUM)!

18. Wer wird deiner Meinung nach der nächste .... (AMERIKANISCHE PRÄSIDENT)?

19. Die .... (THAILÄNDISCHE HAUPTSTADT) Bangkok muss man unbedingt gesehen haben!

20. Das Holz stammt aus dem .... (BRASILIANISCHEN REGENWALD).

69 Übertrage die Eigennamen in Normalschrift und präge dir die Großschreibung ein! Verwende jeden Eigennamen jeweils in einem Satz.

Beachte: Das erste und alle weiteren Wörter werden großgeschrieben, aber Artikel, Konjunktionen (Bindewörter) und Präpositionen (Vorwörter) bleiben klein.

1. karl der große ....
2. pippin der kurze ....
3. (das) kap der guten hoffnung ....
4. (das) rote kreuz ....
5. (die) süddeutsche zeitung ....
6. (die) heiligen drei könige ....
7. (die) vereinigten staaten ....
8. (die) chinesische mauer ....
9. (der) blaue nil ....

10. (das) tote meer ....

11. (der) nahe osten ....

12. (der) hohe markt ....

13. (der) indische ozean ....

14. (der) erste weltkrieg ....

15. (die) schwäbische alb ....

16. (der) heilige gral ....

17. (das) olympische komitee ....

14 Schreibung von Wortgruppen aus Adjektiv und Nomen

EINFACH KOMPAKT

- In **Wortgruppen aus Adjektiv und Nomen**, die zu festen Verbindungen geworden, aber keine Eigennamen sind, werden Adjektive in der Regel kleingeschrieben: *die flotte Biene, die graue Maus, die böse Überraschung.*
- In Ausnahmefällen werden Adjektive in solchen Verbindungen großgeschrieben bzw. Großschreibung ist auch möglich: der **H**eilige Vater, die **S**chwarze Witwe, die g/Gelbe Karte, die e/Erste Hilfe.

70 **Suche zur Wortgruppe die richtige Erklärung. Verwende die Verbindung aus Adjektiv und Nomen in einem Satz. Schreibe die Sätze auf!**

Beispiel: *Den blauen Brief überbringen Schüler besonders ungern ihren Eltern.*

Ehrenvolle Anrede für höchsten Würdenträger – *die g/Graue Eminenz* – Gitterstäbe eines Gefängnisses – *die Goldenen Zwanziger* – Kleidung des Führenden beim Radrennen – *die schwedischen Gardinen* – *der w/Weiße Tod* – *der Blaue Planet* – *das s/Schwarze Brett* – bewegte Zeit von 1920 bis 1930 in Europa/USA – *Ihre Königliche Hoheit* – Anschlagtafel – *die Schwarze Witwe* – unsere Erde – *das g/Gelbe Trikot* – Tod infolge eines Lawinenabgangs – Spinnenart der gefürchteten Sorte – einflussreiche Person im Hintergrund

....

....

....

....

....

....

KAPITEL 2: s-Schreibung

1 s-Schreibung allgemein

EINFACH KOMPAKT — **s-Schreibung**

- **ss** oder Doppel-s (**zischend gesprochen**) steht **immer nach** einem **kurz gesprochenen Vokal/** Selbstlaut: *messen, Tasse, hässlich.* – Mach im Zweifelsfall die Probe durch das Sprechen eines Paares mit verschiedener Vokallänge, etwa: *die Rose (lang)* ✓ [aber: *die Rosse (kurz)*]
- **ß** oder scharfes s (**zischend gesprochen**) steht **nach langem Vokal** oder **Zwielaut** (*ie, au, ei, ai, eu, äu*): *die Maße, weiß, er reißt, draußen*
- Das einfache/runde **s** kann überall stehen, es wird **weich** und **summend gesprochen.**
- Am **Wortanfang** steht immer **s.** Die festen Verbindungen **st** und **sp** werden am Wortanfang als „scht"/„schp" gesprochen: *staunen, spannen; Hase, Reise, Maus, Laus, riesig*
- Nach **einem** oder **mehreren Konsonanten** (Mitlaut) steht immer ein rundes **s,** zB: *Hamster, Gelse, hopsen, knipsen, emsig, ernst*
- Bei **Kurzwörtern** wird trotz gezischtem s-Laut und vorausgehendem kurzen Selbstlaut nur **s** geschrieben: *das, dies, es, was, raus, nichts, aus, bis, los*
- In **Blockschrift** wird das ß durch **SS** ersetzt (GROSSE BUCHSTABEN!).

71 ***s* oder *ss*? Mache im Zweifelsfall die Sprechprobe (gesummt oder gezischt?, kurz oder lang?) und setze richtig ein!**

1. Das Baby spielt mit einer Ra......el.
2. Ich war ra......end vor Wut.
3. Bei dem Regenschauer sind alle völlig na...... geworden.
4. Du solltest dir die Na......e putzen!
5. Die Autoabga......e belasten die Atemluft.
6. Durch diese hohle Ga......e muss er kommen.
7. Wir freuen uns rie......ig auf deinen Besuch!
8. Seit dem Unfall hat der Autolack kleine Ri......e.
9. Bi...... morgen!
10. Der Hund hat mich in die Wade gebi......en.
11. Es handelt sich um ein Mi......verständnis!
12. Im Moment fühle ich mich richtig mie.......
13. Du wu......test das genau!
14. Sie hat einen ganzen Wu......t von Spielsachen vor sich liegen. (= einen ungeordneten Haufen)
15. Während sie Zeitung la......, räumte er auf.
16. La...... das bitte nicht fallen!
17. Wir haben einen Zwergha......en gestreichelt.
18. Er ha......t Regenwetter.

19. Bei diesem Anblick wurden alle bla...... vor Neid.

20. Bei der Kontrolle musste der Lenker in den Alkomat bla......en.

21. Ich habe fa......t die ganze Hausübung fertig!

22. Richtig! Du hast es erfa......t!

23. Dieser Wein ist ein richtiger Fu......el!

24. Ich muss die Fu......eln an meinem Pullover entfernen.

25. Das hie......ige Wetter ist einfach ein Graus!

26. Am Nationalfeiertag hi......t mein Opa die Fahne.

72 Vergleiche Übung 71 zuerst mit der Lösung und übertrage dann die Wörter von oben in die Tabelle!

ss	s
die Rassel	*rasend*

EINFACH KOMPAKT — Spass oder Spaß?

- Wenige Nomen können wahlweise mit **ss oder** mit **ß** geschrieben werden: *Spaß/Spass, Geschoß/Geschoss, Ruß/Russ, Löss/Löß* (Bodenbestandteil)
- Verben weisen keine Doppelschreibung auf. Verben mit -s- im Infinitiv haben in allen Zeitformen s. Bei Verben mit -ß- oder -ss- im Infinitiv kann es aber zu einem Wechsel zwischen ß oder ss kommen (vgl. s-Schreibung bei Verben, Seite 50).

73 *ss* oder *ß*?

1. Meine Idealma......e habe ich noch nicht erreicht.

2. So lange umrühren, bis sich eine feste Teigma......e bildet.

3. Danke, dass du mir Mut eingeflö......t hast!

4. Zum Schnorcheln verwende ich Flo......en.

5. Bewegung an der frischen Luft ist ein absolutes Mu......!
6. Er arbeitet mit Mu......e an seinem Werk. (= bedächtig, ohne Hast)
7. Die Schüler der 4a sind sehr befli......en in ihrer Projektarbeit. (= eifrig)
8. Die Donau flie......t durch Linz.
9. Gib Acht beim Überqueren der Stra......e!
10. Ich habe mir eine Kette aus Stra...... gekauft. (= Schmucksteine aus Glas)
11. Ihr werdet gemeinsam bestimmt viel Spa...... haben!
12. Der Agent konnte dem tödlichen Gescho...... im letzten Moment ausweichen.

74 Übertrage die Wörter aus Übung 73 in die Tabelle! Stelle vor Nomen jeweils den Artikel!

ß	ss

75 *s* oder *ß*?

Hier gibt es leider keine einfache Regel. Am besten ist, du merkst dir den Zusammenhang, in dem die Wörter stehen! Steht der s-Laut im Wortinneren, hilft dir oft die Sprechprobe weiter. Damit du eine schwierige Stelle ins Wortinnere bekommst, musst du das Wort nur zum Plural oder zum Genitiv **verlängern**. Bei Verben hilft dir der Infinitiv weiter. Schon ist die richtige Schreibung hörbar:

Beispiel: *die Maus* ▸ *die Mäuse*; *der Kreis* ▸ *des Kreises*; *fasst* ▸ *fassen*

1. Bei dem Überfall wurde eine Gei......el genommen.
2. Kennst du das Märchen „Der Wolf und die sieben Gei......lein"?
3. Als meine Mutter starke Wehen hatte, kam sie in den Krei......saal.
4. Wir saßen im Sesselkrei...... und sprachen über unsere Erfahrungen.
5. Sei doch nicht so ein Grie......gram!
6. Ich liebe Grie......nockerl mit Erdbeersoße!
7. In der Adventzeit essen wir oft hei......e Maroni.
8. Das Medikament hilft gegen Schnupfen, Husten und Hei......erkeit.
9. Bei einer Prüfung müssen die Lehrer die Schüler und Schülerinnen gleich auf die Fehler hinwei......en.

DURCH STARTEN

FÜR ERFOLGREICHE TESTS UND SCHULARBEITEN

DEUTSCH RECHTSCHREIBUNG

ÜBUNGSBUCH LÖSUNGSHEFT

Alle Lernjahre

VERITAS

Gemeinsam besser lernen

1

1. **K**ennst du Lara Croft? **N**ein, noch nie gehört! **W**er soll das bitte sein?
2. „**H**ast du die Zahnpasta schon wieder nicht zugeschraubt?“, **f**ragte mich mein Vater vorwurfsvoll, „**n**a das ist ja wiedermal typisch!“
3. **S**eit Monaten geht das nun so: **J**eden Tag hat Fred absolut keine Lust, in die Schule zu gehen.
4. „**I**ch freue mich schon auf die Ferien“, **s**agte Nina verträumt, „**w**eil ich dann endlich meinen süßen Nachbarn wiedersehe!“
5. Natalie fragte: „**H**ast du heute Zeit für mich, Oma?“„**A**ber natürlich, mein Schatz, für dich habe ich immer Zeit!“, **a**ntwortete ihre Oma stolz.
6. „**E**s ist besser, echte Feinde als schlechte Freunde zu haben“, **l**autet ein Sprichwort.

2

1. Die Karten für das „**R**ed Hot Chili Peppers“-Konzert waren bereits am ersten Tag ausverkauft.
2. Gestern habe ich mir den Film „**H**igh Fidelity“ mit John Cusack angesehen.
3. Was ich alles in den Urlaub mitnehme: **m**einen neuen Bikini, Sonnencreme, eine Liegematte und „**S**o nicht, mein Lieber“, mein absolutes Lieblingsbuch.
4. **F**ür die „Samurai“ war der Schwertkampf eine hoch entwickelte Kunst, das heißt: **r**ichtiges Abschätzen des Gegners, blitzschnelles Angreifen und natürlich absolute Treffsicherheit.
5. Eines wusste Jessica mit Bestimmtheit: **S**ie konnte Halloweenpartys gar nicht leiden.
6. Kennst du das Buch „**P**er Anhalter durch die Galaxis“ von Douglas Adams?
7. Magst du den Film „**D**ie wilden Hühner“?
8. Meinem Bruder gefällt der Film „**N**achts im Museum“.
9. Aurelia sagte: „**W**enn du jetzt gehst, dann ist es für immer!“
10. Was wir im Mühlviertel machen: **w**andern, Schwammerl suchen und entspannen.
11. Christoph triumphierte zum Abschied mit den Worten: „**I**ch bin der Beste!“
12. Unser letzter Urlaub sah folgendermaßen aus: **W**ir gingen täglich wandern, genossen die frische Luft und meine Mutter suchte verzweifelt nach Pilzen.

3

Affen können Sätze bilden

Meerkatzen haben es schwer. Sie werden ständig von Feinden bedroht, etwa von Leoparden oder Adlern. Deswegen ist es wichtig, sich gegenseitig vor Angreifern zu warnen. Forscher haben herausgefunden, dass die Äffchen verschiedene Alarmrufe kennen und aus diesen eine Art Satz bilden. Schreit eine Meerkatze „Leopard!“, dann rasen alle Artgenossen auf die Bäume. Ruft ein Tier „Adler!“, stürmen die anderen ins Gebüsch. Es gibt aber auch die Warnung „Leopard-Leopard-Leopard-Adler-Adler-Adler!“ bei diesem Alarm flitzen die Tiere fluchtartig bis zu 85 Meter weit aus der Gefahrenzone. Diese Botschaft muss also ungefähr bedeuten: „Bringt euch weit weg in Sicherheit!“

4

Ameisen auf Wohnungssuche

Wenn Ameisen umziehen müssen, sind sie sehr wählerisch. Das haben Forscher der Universität Bristol (England) herausgefunden. Sie zerstörten für ihre Experimente Ameisenbauten und boten den Tieren dann „Ersatzheime“ an.

Jedes Mal konnten sie beobachten, dass die Ameisen einen Voraustrupp losschickten, der prüfte, ob der Boden angenehm ist, die Höhle dunkel genug und der Eingangsbereich gut geschützt.

Eines jedoch schreckte die Ameisen in allen Experimenten ab: Wenn in dem neuen Bau tote Artgenossen lagen, suchten sie schleunigst das Weite. (Adjektiv als Nomen verwendet)

Die toten Tiere signalisierten ihnen: Vorsicht, die Bewohner dieses Baus sind an Krankheiten gestorben!

Mit ihren Versuchen konnten die Forscher beweisen, dass Ameisen sehr auf Hygiene, also Reinlichkeit, achten.

5

1. die Forscherin – **die berühmten Forscherinnen**
2. **die weltbekannte Universität** – die Universitäten
3. das Experiment – **die erfolgreichen Experimente**
4. **der unter Naturschutz stehende Ameisenbau** – die Ameisenbauten
5. das Tier – **die wilden Tiere**
6. **das erste Mal** – die Male
7. **der fruchtbare Boden** – die Böden
8. die Höhle – **die dunklen Höhlen**
9. die Artgenossin – **die einzigen Artgenossinnen**
10. der Bewohner – **die seltsamen Bewohner**
11. **die tödliche Krankheit** – die Krankheiten
12. das Insekt – **die winzigen Insekten**
13. der Reisebus – **der ausländische Reisebus**
14. **die aufgeschlagenen Atlanten** (oder: **Atlasse**) – der Atlas

6

1. Jeden Herbst fahren wir in die Steiermark, um **gebratene Maroni** zu essen.
2. Morgen gehe ich mit meinem **kleinen Bruder** ins Kino.
3. Wenn ich volljährig bin, kaufe ich mir ein **eigenes Auto**.
4. Ich bin schon sehr gespannt auf den **neuen Freund** meiner Tante.
5. Für den **kommenden Winter** brauche ich unbedingt neue Schuhe!
6. Sarah isst am liebsten **grüne Götterspeise** – wie ekelig!
7. Stachelrochen sehen wie **fliegende Untertassen** aus.
8. Impfen schützt vor **gefährlichen Krankheiten**.
9. Zu meinem Geburtstag wünsche ich mir eine **riesige Erbeertorte**.
10. Ich finde, dass „Malcolm mittendrin“ eine sehr **originelle Fernsehserie** ist.

7

1. Mein **liebstes Buch** ist *Harry Potter*.
2. Wenn ich mir bei der Rechtschreibung nicht sicher bin, schlage ich im **amtlichen Wörterbuch** nach.
3. Meine Eltern hören gerne **klassische Musik**.
4. In der Schule haben wir einen Film in **englischer Sprache** gesehen.
5. Mein Hund hat Angst vor **kleinen Kindern**.
6. Wenn ich nicht schlafen kann, trinke ich eine Tasse **warmen Tee**.
7. Frisch **gemahlener Kaffee** ist besonders aromatisch.
8. Der Schulball findet heuer am **zehnten Jänner** statt.
9. Ich finde, dass dir die **rote Brille** sehr gut steht.
10. Die Geschichte handelt von einem **abenteuerlustigen Jungen** und seinen Freunden.
11. In unserer Schule ist es verboten, **bauchfreie T-Shirts** zu tragen.
12. Für die Schularbeit brauchen wir außerdem ein Lineal und einen **spitzen Bleistift**.
13. Die Zeitung ist auf **chlorfreiem Papier** gedruckt.
14. Hast du einen **gültigen Ausweis** mit?
15. Die **wichtigste Voraussetzung** ist, dass du körperlich fit bist.
16. Ich schreibe gerne auf **kariertem Papier**.
17. Unsere Tür ist aus **bruchfestem Glas**.
18. Meine Mutter isst meistens **kalorienarme Speisen**.
19. Bring mir bitte meinen **schwarzen Pulli** mit!
20. Ich sehe mir gerne **lustige Filme** an.
21. Die Scheinwerfer leuchten in **grellem Blau**.
22. Die Erdbeeren haben einen sehr **süßen Geschmack**.
23. Das Haus auf der **anderen Seite** ist alt und verfallen.
24. Mit meiner **neuen Kamera** mache ich sehr gerne Fotos.
25. Mein Bruder trägt nicht gerne **stinkende Socken**.
26. Das Buch ist in leicht **verständlichem Schulenglisch** geschrieben.
27. Die Katze schleicht auf ihren **samtigen Pfoten**.
28. Hast du schon einmal **echten Lebertran** gekostet?
29. Mein Vater ist schon seit Wochen auf **strenger Diät**.
30. Das **kleine Baby** der Nachbarn ist so süß!
31. Beim **täglichen Fitnesstraining** hat sich unser Lehrer verletzt.
32. Bei dem Sozialprojekt gab es viele **freiwillige Helfer**.
33. Wenn der Körper krank ist, sendet er **eindeutige Signale**.
34. Welche sind deine **liebsten Weihnachtsgeschenke**?

8

1. Er trägt gerne **g**rüne und schwarze Hosen.
2. Mittags koche ich mir oft fertige **M**enüs aus dem Tiefkühlfach.
3. Die **n**euen Boxen klingen fantastisch.
4. Das Buch handelt von **v**ier Freunden, die eine Menge Blödsinn anstellen.
5. Das Neujahrskonzert in Wien hatte wie immer viele begeisterte **B**esucher.
6. Ich habe zwei **b**este Freundinnen.
7. Wie kommt man am schnellsten an das **g**ewünschte Ziel?
8. Die Forscher müssen **n**eue Wege beschreiten.
9. Das **h**elle **B**lau ihrer Augen konnte er nicht vergessen.
10. Unsere treuesten **K**unden erhalten ein **k**leines Dankeschön.
11. Richte deiner Familie bitte **g**anz liebe **G**rüße aus!
12. Wir haben drei Karten für die Vorstellung um acht reserviert.
13. Bist du dir sicher, dass du zuerst die **g**ute Nachricht hören möchtest?
14. Der **b**etrunkene Lenker hat einen schweren **U**nfall verursacht.

9

die Freiheit, die Dunkelheit, das Erlebnis, das Gefängnis, die Gefangenschaft, das Scheusal, die Regierung, die Eigenheit, das Eigentum, die Eigenschaft, die Sicherheit, die Sicherung, das Schicksal, die Beschaffenheit, die Beschaffung, die Erfindung, die Schönheit, die Errungenschaft, die Erledigung, die Heiterkeit

10

Lachen	der Lacher	zerren	die Zerrung
großzügig	die Großzügigkeit	neigen	die Neigung
herzlich	die Herzlichkeit	flüssig	die Flüssigkeit
kochen	der Koch/die Köchin	natürlich	die Natürlichkeit
heizen	die Heizung	besser	die Besserung
ehrlich	Ehrlichkeit	vermehren	die Vermehrung

11

die Sparsamkeit	sparsam/sparen	die Strafe	bestrafen/ungestraft
das Zeichen	zeichnen/bezeichnend	die Herausforderung	herausfordern/herausfordernd
der Rat	raten/ratsam	die Erfrischung	erfrischen/erfrischend
die Freundschaft	anfreunden/freundlich	der Friede	einfrieden/friedlich
der Beweis	beweisen/beweisbar	der Sturm	stürmen/stürmisch
der Regen	regnen/regnerisch	das Ärgernis	(sich) ärgern/ärgerlich

12

der Motor	motorisieren	die Investition	investieren
die Fusion	fusionieren	das Dokument	dokumentieren
die Publikation	publizieren	die Legitimation	legitimieren
die Infektion	infizieren	das Püree	pürieren
die Injektion	injizieren	die Transplantation	transplantieren
die Radierung	radieren	das Filet	filetieren
die Quittung	quittieren	die Karikatur	karikieren
die Kreation	kreieren	das Experiment	experimentieren

13

Kochen	die Köchin	die Köchinnen
Gärtnerei	der Gärtner	die Gärtner
Sekretariat	die Sekretärin	die Sekretärinnen
massieren	die Masseurin	die Masseurinnen
Kassa	der Kassier	die Kassierer
verarzten	die Ärztin	die Ärztinnen
chauffieren	der Chauffeur	die Chauffeure
Redaktion	die Redakteurin	die Redakteurinnen
richten	die Richterin	die Richterinnen
komponieren	der Komponist	die Komponisten
verkaufen	der Verkäufer	die Verkäufer
assistieren	die Assistentin	die Assistentinnen

14

Design	die Designerin	die Designerinnen
Eventmanagement	der Eventmanager	die Eventmanager
Netzwerke betreuen	der Netzwerkbetreuer	die Netzwerkbetreuer
Teamleitung	die Teamleiterin	die Teamleiterinnen
Controlling	die Controllerin	die Controllerinnen
Konstruktion	der Konstrukteur	die Konstrukteure
Ökologie	die Ökologin	die Ökologinnen

15

1. der Verkehr, das Schild
2. singen, der Vogel
3. das Geld, der Schmuggel (schmuggeln)
4. trüb, der Sinn
5. glühen, das Würmchen
6. die Konkurrenz, das Denken (denken)
7. sich schnäuzen, das Tuch
8. der Föhn (föhnen), das Geräusch
9. das Stift, das Gymnasium
10. flüstern, der Asphalt
11. das Holz, die Skulptur
12. vorher, die Bestimmung
13. Wahl (wählen), die Urne
14. der Hausmann, die Kost
15. die Ware, der Handel
16. der Gummi, die Stiefel
17. der Käse, die Reibe
18. kochen, der Topf
19. spülen, das Mittel
20. die Rechnung, der Beleg
21. der Kaffee, die Tasse
22. der Computer, die Maus
23. springen, die Schnur
24. tief, die (!) See, der Taucher

16

1. die Heilkraft
2. die Fahrtrichtung
3. der Durstlöscher
4. das Mitgliedsland
5. der Reitstiefel
6. der Blasebalg
7. die Herrschsucht
8. der Schreihals
9. das Übungsbeispiel
10. der Rettungsschwimmer

17

1. der Schonwaschgang
2. die Sonnenallergiesalbe
3. der Schwimmbeckenrand
4. der Hausfriedensbruch
5. die Kreißsaalbesichtigung
6. die Antiatomkraftbewegung
7. das Fingerspitzengefühl
8. das Rettungsschwimmerabzeichen
9. das Adventkranzkerzenwachs
10. die Antirutschsohle
11. die Spielkonsole
12. die Computerplattform
13. die Piratenfilmfortsetzung
14. das Haustierpflegehandbuch
15. das Kindersommergartenfest
16. die Hundeleinenverlängerung
17. der Flugzeugabsturz
18. das Ziegenkäsebällchen

18

das **Nachsehen** haben, etwas in **Kauf** nehmen, jemandem zu **Hilfe** kommen, zur **Not**, auf dem **Sprung** sein, auf dem **Holzweg** sein, auf **Abruf** bereitstehen, in **Vergessenheit** geraten, der **Meinung** sein, **Gefahr** laufen, der **Sicherheit** dienen, in **Hinsicht** auf, mit **Bezug** auf, etwas außer **Acht** lassen, jemanden in **Ruhe** lassen, auf der **Hut** sein, zur **Tat** schreiten

19

1. Im Laufe der Zeit ist das Werk in **Vergessenheit** geraten.
2. Bei deiner Entscheidung darfst du aber die Tatsache, dass du erst 16 bist, nicht außer **Acht** lassen.
3. Kann mir bitte jemand zu **Hilfe** kommen?
4. Der Langsamere wird das **Nachsehen** haben.
5. Er läuft **Gefahr**, den Job zu verlieren.
6. Bevor wir mit der Therapie beginnen, solltest du zur **Ruhe** kommen.
7. In **Bezug**/in **Hinsicht** auf Ihr Schreiben vom 5. Februar möchten wir Sie höflich darauf hinweisen, dass wir Ihre Kündigung nicht erhalten haben.
8. Mein Bruder ist momentan sehr beschäftigt und ständig auf dem **Sprung**.
9. Sei auf der **Hut** vor Betrügern!

20

Mögliche Lösungen:

1. Der Verdächtige gab das Versteck nicht **preis**.
2. Alle Schüler stehen jetzt **kopf**.
3. Das Konzert fand leider nicht **statt**.
4. Die Konstruktion hält stärksten Belastungen **stand**.
5. Jeder hat an diesem Erfolg **teil**.
6. Viele Interessierte nahmen an dem Workshop **teil**.
7. Bitte gebt auf der Straße **acht/Acht**!
8. Der Junge machte erst kurz vor dem Käfig **halt/Halt**.
9. Halte beim Essen und Trinken **maß/Maß**.

21

1. Er **steht** zwar **kopf**, aber das lässt sich nicht mehr ändern.
2. Wenn ich daran nur denke, wird mir **angst** und **bange**.
3. Es **tut** mir so **leid**, dass ich dich enttäuscht habe.
4. Wir wollen euch bestimmt nicht **Angst machen**.
5. Mein Vater hat mir versprochen, sich für mich mehr **Zeit** zu **nehmen**.
6. **Findet** der Tanzkurs diese Woche schon **statt**?
7. Lisa **gibt** trotz meiner Versprechungen ihr Geheimnis nicht **preis**.
8. Ich glaube, man hat ihr da **unrecht/Unrecht getan**.
9. Es ist eine Familientradition, **sonntags** eine kleine Wanderung zu unternehmen.
10. Wer wird heutzutage **morgens** noch von einem Hahn geweckt?
11. Sie kam **geradewegs** auf mich zu.
12. Die Jalousie wird **mittels** Aufzugseilen hochgezogen.
13. Das neue Modell **hält** auch enormen Belastungen **stand**.
14. Am letzten Seminar haben 100 Personen **teilgenommen**.
15. Ich erkläre euch **kraft** meines Amtes zu Mann und Frau!
16. Leider konnten wir **trotz** eurer Hilfe nicht mehr fertig werden.
17. Unsere Nachbarin **läuft** schon **eis**, seit sie fünf Jahre alt ist.
18. Die Englischstunde **findet** heute im Sprachlabor **statt**.
19. Sie erfreute sich **zeit** ihres Lebens bester Gesundheit.
20. Sei mir doch deshalb nicht gleich **gram**!

22

halber Weg	halbwegs
Sonntag	sonntags
Vormittag	vormittags
Angesicht	angesichts
Mangel	mangels
Namen	namens
Nacht	nachts
Mittel	mittels
Flug	flugs
Tag	tags (+ darauf)
Recht	rechts
Willen	willens
Anfang	anfangs
Donnerstag	donnerstags
Fall	falls
Teil	teils

23

1. Leider konnte er sich **tags** darauf an nichts mehr erinnern.
2. Der Angeklagte wurde **mangels** Beweisen freigesprochen.
3. Ich bin nicht **willens**, diesen Anweisungen Folge zu leisten!
4. Nach der schweren Krankheit hat sich mein Nachbar **flugs** wieder gut erholt!
5. Wir schlichen uns **nachts** aus unseren Schlafzimmern.
6. Ich halte es für richtig, dass wir **angesichts** dieser Tatsache nicht auf Urlaub fahren.
7. Er gab zu, dass er **anfangs** seine Probleme mit unserer Klasse hatte.
8. Die Klassensprecherin protestierte **namens** der ganzen Klasse.

24

1. Ich werde mich **zeit** meines **Lebens** an diesen besonderen Tag erinnern.
2. Der Richter hat **kraft** seines **Amtes** gehandelt.
3. Das Dorf, das vom Tsunami vernichtet worden war, konnte **dank** der großzügigen **Spenden** wieder aufgebaut werden.
4. Mein Bruder schaffte das Studium **dank** seines starken **Willens.**
5. Wir werden **trotz** des **Regens** auf den Berg gehen.
6. Sie kaufte **statt** eines roten **Kleides** lieber ein schwarzes.

25

1. Ein **bisschen** Geduld kann nie schaden.
2. Gib mir noch ein **paar** Hustenbonbons für die Reise mit.
3. Sie sind schon seit Monaten ein **Paar.**
4. Mit ein **bisschen** Glück können Sie dieses Cabrio gewinnen!
5. Gönn dir doch ein neues **Paar** Schuhe.
6. Dieses **Paar** scheint auf dem Eis unschlagbar.
7. Mit ein **paar** netten Worten kannst du mich immer aufbauen.
8. Wenn das noch ein **paarmal** (oder paar Mal) passiert, dann gibt es Ärger!
9. Von diesen lustigen Zehensocken habe ich noch ein **Paar.**
10. Seid doch mal ein **bisschen** ruhiger, liebe Kinder!

26

1. der Pro-Kopf-Verbrauch
2. das Zwei-Euro-Stück
3. der Erste-Hilfe-Kurs
4. der Rhein-Main-Donau-Kanal
5. der Dr.-Karl-Renner-Ring
6. die C-Dur-Tonleiter
7. das Wiener-Philharmoniker-Konzert
8. der Harry-Potter-Band
9. das Alles-oder-nichts-Spiel
10. die Erdbeer-Sahne-Torte
11. die 15-Minuten-Pause
12. das Herz-Kreislauf-Versagen
13. das U-Bahn-System
14. die Ein-Kind-Politik
15. das Kopf-an-Kopf-Rennen
16. das CD-ROM-Laufwerk
17. der E-Mail-Verkehr
18. die Open-End-Diskussion
19. der Maria-Theresia-Taler
20. die E-Mail-Adresse
21. die Topfen-Nougat-Fülle

27

1. die a-Moll-Symphonie (= Sinfonie)
2. der i-Tüpfelchen-Reiter
3. der pH-Wert
4. die s-Schreibung
5. der i-Punkt
6. der km-Stand
7. die y-Achse
8. die γ-Strahlen
9. der c-Moll-Akkord

28

1. das Entweder-oder
2. das Als-ob
3. der Count-down oder Countdown
4. das Make-up
5. der Trimm-dich-fit-Parcours
6. der Do-it-yourself-Baumarkt
7. das Drive-in-Restaurant
8. der Point-of-no-Return
9. das Black-out oder Blackout
10. das Know-how oder Knowhow
11. der K.-o.-Schlag
12. Science-Fiction oder die Sciencefiction
13. das Geburtstags-gratis-SMS
14. das Burn-out-Syndrom
15. das Park-and-ride-System
16. der Pro-Kopf-Verbrauch
17. das Sowohl-als-auch
18. das Teils-teils

29

Mögliche Lösungen:

1. das übermäßige Genießen
2. das regelmäßige Laufen
3. das starke Niesen
4. das stundenlange Fernsehen
5. das innige Beten
6. das freundliche Lächeln
7. das hysterische Lachen
8. das ewige Nachgeben
9. das tiefe Durchatmen

30

Mögliche Lösungen:

1. Das übermäßige Genießen von Süßwaren kann zu Magenproblemen führen.
2. Das regelmäßige Laufen hält mich fit.
3. Starkes Niesen wird oft durch eine Allergie verursacht.
4. Stundenlanges Fernsehen macht mich antriebslos.
5. Das innige Beten hat den Trauernden geholfen.
6. Das freundliche Lächeln des Stewards gefällt mir.
7. Das hysterische Lachen meiner Sitznachbarin nervt mich.
8. Das ewige Nachgeben hat nun ein Ende.
9. Tiefes Durchatmen löst die Spannung.

31

1. Es wurde auch **Unwichtiges** lange besprochen.
2. Zum Kaffee nimmt man gerne **Gebackenes**.
3. Selbst **Erprobtes** (= Selbsterprobtes) hat einen höheren Lerneffekt.
4. Sie schenkt zu Weihnachten gerne selbst **Gebasteltes** (= Selbstgebasteltes).
5. Oft kann **Unverhofftes** kommen.

32

1. Manchmal wollen Menschen beim **Waschen** etwas **singen**.
2. Die einen heben beim **Duschen** ihre Stimme, andere **baden** und **spielen** den fröhlichen Kapitän.
3. Selbst beim **Zähneputzen** ist manchen zum **Trällern**.
4. Oft bleibt es dabei nur bei einem leisen **Brummen**.
5. Musik hat oft etwas **Heiteres**.
6. **Singen** macht einfach Spass (= Spaß), auch im **Nass**!

33

1. Das **Hupen** vor Altersheimen ist verboten.
2. Das **Trinken** von 2 bis 3 Litern Flüssigkeit pro Tag ist gesund.
3. Das **Behandeln** rationaler Brüche ist nicht notwendig.
4. Das **Hantieren** mit offenem Feuer ist verboten.
5. Das **Mitnehmen** von Hunden in das Geschäft ist verboten.
6. Das **Abspeichern** von Daten ist notwendig.
7. Das **Rauchen** in diesem Raum ist nicht erlaubt.
8. Das **Parken** während des Einkaufs ist hier gestattet.
9. Das **Beobachten** von Tieren in der Natur ist spannend.
10. Das **Verzehren** selbst mitgebrachter Speisen ist hier untersagt.

34

1. Sie hat <u>vom</u> **Rechnen** jetzt genug.
2. Immer nur <u>ans</u> **Lernen** zu denken, ist lähmend.
3. <u>Durch</u> **Fernsehen** kann man sich auch Wissen aneignen.
4. <u>Beim</u> **Spielen** hat er nie viel Glück.
5. Ihr könnt uns alle <u>durch</u> **Klatschen** unterstützen!
6. Du denkst immer nur <u>ans</u> **Feiern**, nie <u>ans</u> **Organisieren** von Festen!
7. <u>Vom</u> stundenlang<u>en</u> **Fernsehen** bekomme ich aber Kopfschmerzen.

35

1. Wir hören das <u>Quietschen</u> der Zugbremse.
2. Wir sehen das <u>Aufladen</u> der Gepäckstücke.
3. Wir hören das <u>Ticken</u> der Bahnhofsuhr.
4. Wir sehen/hören das <u>Drucken</u> der Tickets.
5. Wir sehen das <u>Winken</u> der Menschen.
6. Wir hören das <u>Weinen</u> der Kinder.

36

1. Dieses Buch weckt die Lust am **Lesen**. (an + dem)
2. Bist du gut im **Rechnen**? (in + dem)
3. Beim **Laufen** blieb ihm die Luft weg. (bei + dem)
4. Ich habe heute keinen Bock aufs **Lernen**. (auf + das)
5. Zum **Rasten** hatten wir keine Zeit. (zu + dem)
6. Ich habe genug vom **Tanzen**! (von + dem)
7. Nimm dir Zeit fürs **Durchlesen** der Schularbeit! (für + das)

37

1. Beim Klagen über die Werbeflut vergisst der Briefträger(,) mir die Post zu geben.
2. Durch sparsames Wirtschaften hast du dir einiges Geld erspart.
3. Nur durch regelmäßiges Trainieren könnt ihr in der nächsten Saison aufsteigen.
4. Beim Reden über Computer verwenden viele gerne das Wort „online".
5. Beim Tippen einer SMS verwendest du auch die Groß- und Kleinschreibung.

38

1. das Von-der-Hand-in-den-Mund-Leben
2. das Auf-der-faulen-Haut-Liegen
3. das Auf-und-davon-Laufen
4. das Auf-die-lange-Bank-Schieben
5. das Aus-der-Haut-Fahren
6. das In-den-Tag-hinein-Leben
7. das Ad-absurdum-Führen
8. das In-den-Spiegel-Schauen
9. das Tief-in-die-Augen-Schauen
10. das Hinter-mir-die-Sintflut-Denken
11. das Willst-du-mich-nicht-ansprechen-Zwinkern
12. das Über-den-Brillenrand-Schauen
13. das Sich-nicht-die-Hände-Waschen

39

1. Beim **Schreiben** der Hausübung schlief Sarah ein.
2. Ich werde auch immer müde, wenn ich viel **schreiben** muss.
3. Bitte hilf mir beim **Anziehen** deiner Schwester!
4. Jessica kann sich leider noch nicht alleine **anziehen**.
5. Florian ist gestern beim **Hin- und Herlaufen** gestürzt.
6. Mein Vater ist bei meiner Geburt vor Aufregung angeblich ständig **hin- und hergelaufen**.
7. Das **Rauchen** im Schulgebäude ist verboten.
8. Marianne hat mit 13 zu **rauchen** begonnen.
9. Durch intensives **Trainieren** konnte Mario seine Technik verbessern.
10. Dieses ewige **Trainieren** macht mich ganz schön fertig.
11. Ab jetzt darf Hans seine eigene Mannschaft **trainieren**.
12. Das **Radfahren** ist Papas größtes Hobby.
13. Nadine ist nach dem **Radfahren** in den Pool gesprungen.
14. Hast du Lust, heute Nachmittag mit mir **eiszulaufen**?
15. Beim ersten Mal **Schwimmen** hatte ich Angst.
16. Wenn es draußen winterlich kalt ist, denke ich sofort ans **Skilaufen**.
17. Meine Freundin und ich werden den ganzen Tag **Rad fahren**.
18. Beim lauten **Singen** geht mir immer die Puste aus.
19. Wir **singen** laut, falsch und mit Begeisterung.
20. Das **Bemalen** der Tische ist verboten!

40

1. Meine Oma ist sehr reiselustig und kann deshalb viel **erzählen**.
2. Soll ich dir etwas **erzählen**?
3. Das oftmalige **Erzählen** der Geschichte hat den Inhalt stark verändert.
4. Zeitgerechtes **Handeln** ist in jedem Fall wichtig.
5. Das **Handeln** mit Seide stellt seinen Lebensunterhalt dar.
6. Ein gepflegtes **Auftreten** ist sehr wichtig.
7. Robert hat sich den Fuß verstaucht – jetzt kann er nicht mehr **auftreten**.
8. Dein ständiges **Über-den-Brillenrand-Blicken** stört mich!
9. Das geheimnisvolle **Funkeln** seiner Augen fasziniert sie.
10. Die Sterne **funkeln** heute besonders hell.
11. Am liebsten würde er in Australien zur Schule **gehen**.
12. Seit ihrem schweren Unfall macht ihr das **Gehen** große Schwierigkeiten.
13. Neben **Zaubern** stehen auch viele andere Fächer auf dem Stundenplan.
14. In Hogwarts lernt Harry Potter das **Zaubern**.
15. Harry, Ron und Hermine lernen zu **zaubern**.
16. Zum **Fangen** des Goldenen Schnatz braucht man einen guten Sucher.
17. Gestern habe ich mich beim **Laufen** verkühlt.
18. Ich gehe zweimal in der Woche **laufen**.
19. Wenn ich krank bin, habe ich Probleme beim **Einschlafen**.
20. Wenn ich abends lange vor dem Computer sitze, kann ich nur sehr schwer **einschlafen**.
21. Das **Aufstehen** am Morgen ist für meinen Bruder am schlimmsten.
22. Das illegale **Herunterladen** von Filmen und Musik im Internet wird bestraft.
23. Es ist faszinierend, wie geschickt Affen von einem Baum zum nächsten **schwingen**.
24. Wir haben Affen beim **Schwingen** von Baum zu Baum beobachtet.
25. Weißt du schon, was du Sebastian zum Geburtstag **schenken** wirst?
26. Ich weiß, Sebastian etwas zu **schenken**, ist sehr schwierig.
27. Das **Chatten** im Internet macht mir eigentlich keinen Spaß.
28. Ich gehe lieber mit meiner Freundin **Tee trinken**.
29. Die hartnäckige Halsentzündung habe ich vom stundenlangen **Herumlaufen** im Regen.
30. Dein ewiges **Meckern** kann ich nicht mehr hören!
31. Hast du Lust, mich beim **Singen** auf der Gitarre zu begleiten?
32. Er mag nicht nicht mehr auf seiner Flöte **spielen**.
33. Zum **Füllen** von Palatschinken brauchst du Marmelade oder Haselnusscreme.
34. Sehr zu empfehlen ist auch, sie mit Nüssen und Vanilleeis zu **füllen**.
35. Am besten ist, du verwendest Staubzucker zum **Bestreuen.**
36. Beim **Essen** musst du allerdings Acht geben, dass du dich nicht bekleckerst!
37. In den Urlaub nehme ich mir immer viel zu **lesen** mit.
38. Vor dem **Einschlafen** hört Conny gerne Musik von *Coldplay*.
39. Möchtest du dir „Die Simpsons" **ansehen**?
40. Vom ständigen **Auf-der-faulen-Haut-Liegen** bin ich ganz geschwächt.
41. Zum **Lesen** liege ich gerne auf unserem Sofa.
42. Meine kleine Schwester lernt gerade **laufen**.
43. Das **Gestalten** der Plakate übernimmt die erste Gruppe.
44. Stundenlanges **Telefonieren** ist für meine Freundin kein Problem.
45. Wir **telefonieren** oft stundenlang, ohne dass uns dabei die Themen ausgehen.

41

Infinitiv (Nennform)	Infinitiv mit zu	Nominalisierung
Rad fahren	*Rad zu fahren*	*das Radfahren*
Hausübung machen	Hausübung zu machen	das Hausübungmachen
Schlange stehen	Schlange zu stehen	das Schlangestehen
Hände waschen	Hände zu waschen	das Händewaschen
Haare frisieren	Haare zu frisieren	das Haarefrisieren
Suppe kochen	Suppe zu kochen	das Suppekochen
Stiegen steigen	Stiegen zu steigen	das Stiegensteigen
Wäsche trocknen	Wäsche zu trocknen	das Wäschetrocknen
Snowboard fahren	Snowboard zu fahren	das Snowboardfahren
Briefe schreiben	Briefe zu schreiben	das Briefeschreiben
Tee trinken	Tee zu trinken	das Teetrinken
Basketball spielen	Basketball zu spielen	das Basketballspielen
Zimmer aufräumen	Zimmer aufzuräumen	das Zimmeraufräumen
Windel wechseln	Windel zu wechseln	das Windelwechseln
Musik hören	Musik zu hören	das Musikhören
Computer spielen	Computer zu spielen	das Computerspielen
Baum fällen	einen Baum zu fällen	das Baumfällen

42

1. Beim **Stiegensteigen** bleibt meinem Onkel die Luft weg.
2. Ich finde, dass das **Schifahren** viel schwieriger als das **Snowboardfahren** ist.
3. Lisa hat sich beim **Geschirrspülerausräumen** verletzt.
4. Meine Katze schnurrt immer beim **Milchtrinken**.
5. Ich muss meiner Schwester helfen, das **Zimmer aufzuräumen**.
6. Beim **Hausübungmachen** werde ich oft schrecklich müde.

43

Adjektiv	Adjektiv als Nomen (groß)	Adjektiv als Beifügung (klein)
heiter	das Heitere	zB: das heitere Lied
interessant	das Interessante	zB: das interessante Buch
toll	das Tolle	zB: das tolle Gerät
erfreulich	das Erfreuliche	zB: das erfreuliche Vermögen
einfach	das Einfache	zB: das einfache Leben
schöne	das Schöne	zB: das schöne Haus
reizend	das Reizende	zB: das reizende Mädchen
hell	das Helle	zB: das helle Fenster

44

gut (etwas +)	etwas Gutes	zB: Sie tun etwas Gutes.
bestimmt (nichts +)	nichts Bestimmtes	zB: Ich habe nichts Bestimmtes im Sinn.
wichtig (alles +)	alles Wichtige	zB: Sie denkt an alles Wichtige.
bedeutsam (viel +)	viel Bedeutsames	zB: Der Direktor spricht viel Bedeutsames.
edel (manch +)	manch Edles	zB: Manch Edles war zu finden.
brauchbar (wenig +)	wenig Brauchbares	zB: Ich entdeckte wenig Brauchbares.
enttäuschend (alles +)	alles Enttäuschende	zB: Alles Enttäuschende wollte sie vergessen.
seltsam (allerlei +)	allerlei Seltsames	zB: Wir hörten allerlei Seltsames.
alt (viel +)	viel Altes	zB: Viel Altes stand herum.
neu (nichts +)	nichts Neues	zB: Ihr erzählt uns leider nichts Neues!

45

Positiv	Komparativ	Superlativ	Nominalisierung (des Superlativs)
erfreulich	erfreulicher	am erfreulichsten	das Erfreulichste
sicher	sicherer	am sichersten	das Sicherste
erfrischend	erfrischender	am erfrischendsten	das Erfrischendste
überraschend	überraschender	am überraschendsten	das Überraschendste
berühmt	berühmter	am berühmtesten	das Berühmteste
leicht	leichter	am leichtesten	das Leichteste
konkret	konkreter	am konkretesten	das Konkreteste
erschreckend	erschreckender	am erschreckendsten	das Erschreckendste
beliebt	beliebter	am beliebtesten	das Beliebteste
gern	lieber	am liebsten	das Liebste
viel	mehr	am meisten	das Meiste/das meiste
wenig	weniger	am wenigsten	das Wenigste/das wenigste

46

1. Das sind die **besten** Makkaroni, die ich je gegessen habe. Das **Beste** ist, sich alles in Ruhe zu überlegen.
2. Das **Sicherste** beim Autofahren ist, sich anzuschnallen. Am **sichersten** fährt man angeschnallt.
3. In diesem Fall halte ich Neuwahlen für das **Wahrscheinlichste**. Neuwahlen sind am **wahrscheinlichsten**.
4. Janine hat beim Geografietest die **meisten** Punkte. Du hast wieder das **Meiste/meiste** bekommen!
5. Am **wenigsten** muss ich für Mathematik lernen. Das ist das **Wenigste**, das ich tun kann!
6. Der Nachmittag mit dir ist das **Lustigste**, was ich in letzter Zeit erlebt habe. Am **lustigsten** fand ich den Film „Und täglich grüßt das Murmeltier".
7. Der Stephansplatz ist in Wien am **einfachsten** zu finden. Das **Einfachste** ist, sich vor dem Stephansdom zu treffen.
8. Das erste Sudoku ist mir am **leichtesten** gefallen. Das **Leichteste** ist, zuerst die Reihen durchzurechnen.
9. In Österreich können die **Meisten/meisten** schwimmen. Am Wochenende finde ich immer die **meisten** Gründe, um nicht lernen zu müssen.
10. Also, das war wirklich am **interessantesten**! Jetzt erzähle ich dir noch mein **interessantestes** Ferienerlebnis.

47

1. Am **häufigsten** höre ich zur Zeit Hip-Hop.
2. Das **Schwierigste** ist, das Gleichgewicht zu halten.
3. Dieser Teil der Übung fällt mir am **schwersten**.
4. Wir **werden** Ihren Fall aufs **Genaueste** prüfen!
5. Am **meisten** schätze ich an dir, dass du immer ein offenes Ohr für mich hast.
6. „Jedem das **Seine/seine** und mir das **Meiste/meiste**" – oder so ähnlich …
7. Wir bieten Ihnen nur die **allerbeste** Qualität.
8. Das ist das **Beste**, was ich bisher gegessen habe.
9. Bei diesem Imbissstand gibt es die **besten** Hotdogs, die du in der Stadt bekommen kannst.
10. Am **besten** wird wohl sein, wenn wir die Übung noch einmal gemeinsam durchgehen.
11. Es ist bestimmt nicht immer **einfach**, alleinerziehend zu sein.
12. Das **Einfachste** ist oft nicht das **Beste**.
13. Das **Aufregendste**, was mir bisher widerfahren ist, behalte ich doch **lieber** für mich.
14. Von allen Motorrädern gefällt mir die *Ducati* am **besten**, weil sie am **wendigsten** ist.
15. Andreas ist der **Lustigste**, mit ihm habe ich den **meisten** Spaß.
16. Sie begrüßte ihren Freund aufs **Herzlichste/herzlichste**.

48

1. Ich wünsche euch <u>alles</u> **Gute** zum Hochzeitstag!
2. <u>Alles</u> **Weitere** erzähle ich dir morgen.
3. Städtereisen haben für manche Menschen <u>nichts</u> **Attraktives**.
4. Sein Vortrag enthielt für mich <u>nichts</u> **Neues**.
5. Das Christkind bringt für alle Kindes <u>etwas</u> **Schönes**.
6. Am Flohmarkt kann man <u>allerlei</u> **Brauchbares** finden.
7. Kannst du uns <u>nichts</u> **Erfreuliches** berichten?
8. Ich würde mir so gerne <u>etwas</u> **Schickes** kaufen.
9. Der Roman bietet leider <u>wenig</u> **Spannendes**.
10. In der letzten Sitzung haben wir <u>alles</u> **Unangenehme** besprochen.
11. Es gibt <u>nichts</u> **Peinlicheres**, als mit meiner Mutter Kleidung zu kaufen.
12. Mir ist gestern <u>etwas</u> wirklich **Lustiges** passiert.
13. Für meinen Bruder gibt es <u>nichts</u> **Schlimmeres**, als das Zimmer aufzuräumen.
14. Du kannst dir von deinem Taschengeld gerne <u>etwas</u> **Eigenes** kaufen!
15. Nach den Sommerferien weiß sie immer <u>viel</u> **Aufregendes** zu berichten.
16. Im Ausverkauf hat er leider <u>nichts</u> **Passendes** gefunden.
17. Diese Formeln enthalten meiner Meinung nach <u>nichts</u> **Logisches**.
18. Was hast du gestern gemacht? Eigentlich <u>nichts</u> **Besonderes**.
19. Mir ist leider <u>nichts</u> **Besseres** eingefallen.
20. Gestern ist meiner Freundin <u>etwas</u> ganz **Blödes** passiert.
21. Stell dir nun <u>etwas</u> **Beruhigendes** vor!
22. Hast du schon so <u>etwas</u> **Gemeines** erlebt?
23. <u>Manches</u> **Kuriose** findet sich am Dachboden.
24. Es gibt <u>nichts</u> **Gutes**, außer man tut es.
25. Gestern habe ich <u>etwas</u> **Komisches** erlebt.

49

1. In den Urlaub nahmen wir heuer nur **wenig** Gepäck mit.
2. Das ist das **Einzige**, was ich für Sie tun kann!
3. Dein Klassenvorstand hat leider wenig **Gutes** über dich zu berichten.
4. Möchtest du vielleicht etwas **Lustiges** hören?
5. Bitte erzähl mir zuerst das **Gute**!
6. Das ist wirklich eine **gute** Nachricht!
7. Der **spannende** Film ließ mich nicht zum Telefon gehen.
8. Das **Bemerkenswerte** an diesem Roman sind seine Schauplätze.
9. Der Mann hat wenig **Verständliches** von sich gegeben.
10. Jedes **Neugeborene** erkennt seine Eltern.
11. Du musst auch das **Kleingedruckte/klein Gedruckte** lesen!
12. Wenn ich Zeit habe, werde ich alles **Erlebte** in meinen Memoiren niederschreiben.
13. Das ist das **netteste** Kompliment, das bisher jemand zu mir gesagt hat!
14. Am **schönsten** finde ich die Farbe Weinrot.

15. Er hat mir das **Blau** vom Himmel versprochen.
16. Unsere Lehrerin wurde **rot** vor Zorn.
17. Das **Überraschende** an diesem Abend war, dass sie sich, ohne viel zu reden, gut verstanden.
18. Diese Idee ist wirklich **genial**!
19. Das **Faszinierende** an seiner Geschichte war, dass er alles auch selbst erlebt hatte.
20. Meine Großmutter hat mir eine **berührende** Geschichte aus ihrer Kindheit erzählt.
21. Am **schockierendsten** fand ich die Jagdszenen.
22. Der Film hat viele **schockierende** Szenen.
23. Weißt du schon das **Neueste**?
24. Das soll der **letzte** Schrei London sein!
25. Es gibt nichts **Erholsameres**, als am Strand zu lesen.
26. Sie brachte uns etwas **Erfrischendes** zu trinken.
27. Ich möchte bitte eine **eiskalte** Limo!

50

1. Hier steht **schwarz auf weiß** geschrieben, dass ich Recht habe!
2. **Über kurz oder lang** werden wir uns nach anderen Möglichkeiten umsehen müssen.
3. Wir sind Freunde und gehen gemeinsam **durch dick und dünn**.
4. Ich bin es **von klein auf** gewöhnt, für mich selbst zu sorgen.
5. Man hört die Glocken **von nah und fern**.
6. Koffeinfreien Kaffee kann man **von früh bis spät** genießen.
7. Im Herbstnebel liegt die Landschaft **grau in grau**.
8. Aber ich lasse mich doch nicht **für dumm verkaufen**!
9. **Hältst** du denn diese Lügengeschichte **für wahr**?

51

1. **Seit n/Neuestem** bekommen wir auch in Chemie eine Hausübung.
2. Ich habe dich schon **von w/Weitem** erkannt!
3. Wir kennen uns erst **seit K/kurzem**, aber wir verstehen uns sehr gut.
4. Der Schiliftbetrieb ist **bis auf W/weiteres** eingestellt.
5. Mein Vater arbeitet schon **seit L/längerem** an einem Drehbuch.
6. Das Experiment hat nicht funktioniert, aber wir versuchen es **von N/neuem**.
7. Dieses Ergebnis übertrifft meine Erwartungen **bei W/weitem**.
8. Die Konzertkarten waren **binnen k/Kurzem** ausverkauft.
9. Das kann **ohne w/Weiteres** noch ein zweites Mal verwendet werden.

52

1. **Gleich und Gleich** gesellt sich gerne.
2. Unser Familienhotel bietet Spaß für **Groß und Klein**.
3. Besonders in Großstädten sieht man die Unterschiede zwischen **Arm und Reich**.
4. Zu unserem Fest kamen Freunde jeden Alters – **Jung und Alt** feierten gemeinsam unsere Hochzeit.
5. Zur Eröffnung des neuen Fitnessstudios kommen **Dick und Dünn**.

53

1. Mein Kleid für den Ball am Samstag ist **knöchellang**, **schwarz** und **tailliert**.
2. Bei uns sind alle Menschen herzlich **willkommen: große** und **kleine**, **junge** und **alte**.
3. Wir verbleiben so, wie besprochen, bis auf **W/weiteres**.
4. Meine Mutter unterhält sich mit ihrer Freundin auf **Italienisch**.
5. Die Zeitung ist in **türkischer** Sprache geschrieben.
6. Sprichst du fließend **Englisch**?
7. Ich habe dich schon seit **L/längerem** beobachtet!
8. Der **kleine weiße** Hase hoppelt **ahnungslos** über das Feld.
9. Meine Mutter war bei ihrer Hochzeit ganz in **Weiß** gekleidet.
10. In der Großstadt leben sehr viele **arme**, aber auch viele **reiche** Menschen.
11. New York ist eine Stadt, in der **Arm** und **Reich** wohnen.
12. Seit **k/Kurzem** ist es nicht mehr gestattet, in diesem Gebäude zu rauchen.
13. Bei ihnen läuft von **früh** bis **spät** der Fernseher – das nervt **gewaltig**!
14. Meine Eltern sind mit mir schon von **klein** auf herumgereist.
15. Man erkennt von **W/weitem**, dass er in dich verknallt ist.
16. Hör auf, sonst werde ich gleich **rot**!
17. Du hast seit **L/längerem** gewusst, dass unsere Lehrerin schwanger ist?
18. Nur, weil etwas **schwarz** auf **weiß** geschrieben steht, muss es noch lange nicht richtig sein!
19. Ziehst du heute das **alte** oder das **neue** T-Shirt an?
20. In dem Laden in der Josefstadt gibt es **Altes** und **Neues** zu kaufen.

54

1. Ingrid ist die Lustigste.	Ingrid ist die (meine) lustigste Freundin.	Von allen (meinen) Freundinnen ist Ingrid die lustigste.
2. Jochen ist der Erfahrenste.	Jochen ist der erfahrenste Teilnehmer.	Von allen Teilnehmern ist Jochen der erfahrenste.
3. Horst ist der Coolste.	Horst ist der coolste Snowboarder.	Von allen Snowboardern ist Horst der coolste.
4. Sabine ist die Freundlichste.	Sabine ist die freundlichste Mitarbeiterin.	Von allen Mitarbeiterinnen ist Sabine die freundlichste.
5. Hans ist der Schnellste.	Hans ist der schnellste Spieler.	Von allen Spielern ist Hans der schnellste.

55

1. Ich habe drei Hemden, ein weißes, ein blaues und ein schwarzes.
2. Ich habe vier Glücksbringer, einen alten, einen neuen, einen blauen und einen goldenen.
3. Ich habe zwei Mobiltelefone, ein altes und ein neues.
4. Ich habe drei Schwestern, zwei jüngere und eine ältere.
5. Ich habe zwei Katzen, eine schwarze und eine getigerte.

56

1. Sarah ist die **Sympathischste**. Sarah ist die **sympathischste** meiner Freundinnen.
2. In unserer Klasse ist Dominic der **Klügste**. Er ist der **klügste** aller Schüler.
3. Der **schlagfertigste** von allen Jungen ist Andreas. Andreas ist der **schlagfertigste** Junge in unserer Klasse.
4. Mein Vater trägt meistens **blaue** Hemden. Am liebsten von allen Hemden sind ihm die **blauen**.
5. Ich habe mehrere Hosen eingepackt: **lange** und **kurze**. Im Sommer trage ich fast nur die **Kurzen**.
6. In der Literaturrunde ist Sabrina die **Belesenste**. Sabrina ist die **belesenste** Teilnehmerin.
7. Du hast dir die **einfachste** Übung ausgesucht! Diese Übung ist bestimmt die **einfachste**.
8. Ich kenne alle Teile von „Herr der Ringe“: den **ersten**, den **zweiten** und den **dritten**.
9. Thomas ist der **Schnellste**. In unserer Leichtathletikgruppe ist Thomas der **schnellste** Läufer. Unter den Läufern ist Thomas der **schnellste**.
10. Von allen Schulabgängerinnen ist Julia die **erfolgreichste**. Julia ist die **Erfolgreichste**.
11. Es gibt zwei Aufgaben – willst du die **einfache** oder die **schwierige** zuerst lösen?
12. Unsere Motoräder sind die **schnellsten**, die es in Europa zu kaufen gibt.
13. Von allen Motorrädern halte ich dieses für das **schönste**.
14. Der **schnellste** Zug von allen war der TGV.
15. Von allen Freunden treffe ich Jakob am **liebsten**, weil er der **lustigste** ist.
16. Welchen Schal hast du lieber: den **roten** oder den **blauen**?
17. Professor Kaiser ist am **beliebtesten** von allen Lehrern. Jaqueline ist in unserer Klasse die **Beliebteste**.
18. Die beiden ware die **interessiertesten** von allen Studenten im Hörsaal.

57

1. 19.45 = drei viertel acht (oder: neunzehn Uhr fünfundvierzig)
2. 9.15 = viertel zehn oder (ein) Viertel nach neun
3. 15.30 = halb vier
4. 10.20 = zwanzig nach zehn
5. 17.10 = zehn nach fünf
6. 05.35 = fünf nach halb sechs
7. 18.45 = drei viertel sieben oder Viertel vor sieben
8. 21.30 = halb zehn

58

1. Wir treffen uns um **drei viertel sieben.**
2. Das Konzert beginnt um **Viertel nach acht.**
3. Jetzt ist es schon **halb zwölf**, und ich habe immer noch keine Nachricht von dir!
4. Mit dem Summerton wird es **neunzehn** Uhr und **fünfzehn** Minuten.
5. Auf meiner Uhr ist es **drei** nach **acht.**
6. Er steht pünktlich um **viertel zehn** vor deiner Tür.

59

1. morgen Abend
2. gestern Nacht
3. heute Vormittag
4. morgen Mittag
5. heute Morgen
6. gestern Abend
7. heute Nacht
8. morgen Früh

60

1. Wir treffen uns immer **dienstagabends (A)** zum Fußballspielen.
2. Am **Freitagmorgen (N)** gehe ich zum Judo-Training.
3. Ich habe ihn **Samstagnacht (N)** mit einer anderen gesehen.
4. **Donnerstagmittags (A)** essen wir meistens in der Kantine.
5. Jeden **Montagabend (N)** sehen wir uns gemeinsam einen guten Film an.
6. **Sonntagnachmittags (A)** machen wir oft einen Spaziergang.
7. **Montagmorgens (A)** bin ich selten gut gelaunt.
8. Wie sieht's bei dir **Mittwochnachmittag (N)** aus? – Da könnten wir uns doch sehen!
9. Was hältst du von einem gemeinsamen Kinobesuch am **Freitagabend (N)**?
10. Tut mir leid, **freitagabends (A)** passe ich immer auf meine kleine Schwester auf!
11. Das Ritteressen ist für **Dienstagabend (N)** bestellt.
12. Weißt du, wer **Freitagmorgen (N)** vor meiner Tür stand?

61

1. eine Dreiviertelstunde
2. ein Tausendstelgramm
3. eine Hundertstelsekunde
4. ein Viertelliter (= Maßeinheit)
5. der Dreiachteltakt
6. ein Dreiviertelkilo

62

1. Um **h**alb **s**ieben beginnt die tägliche Vorabendserie.
2. Im Sommer stehe ich jeden Tag um **d**rei **v**iertel **a**cht auf.
3. Seid um **v**iertel **f**ünf bereit – ich hole euch ab!
4. Tut mir leid, ich bin spät dran! Ja, ich weiß, wir haben **V**iertel nach **s**echs ausgemacht, nicht **h**alb **s**ieben.
5. Letzte Nacht bin ich ab **d**rei **v**iertel **d**rei im Stundentakt aufgewacht.
6. Um **h**alb **n**eun beginnt bei uns die große Pause.
7. Bitte warte auf mich! Ich bin spätestens in einer **V**iertelstunde/**v**iertel Stunde fertig!
8. Von **h**alb **a**cht bis **d**rei **v**iertel **n**eun haben wir Turnen.
9. In unserem Bundesland sagt man nicht **v**iertel **a**cht, sondern **V**iertel nach **s**ieben.
10. Mit dem Summerton wird es **e**in **U**hr **z**ehn.

63

1. Seit ich **f**ünfzehn bin, ist manches leichter geworden.
2. Als **D**reizehnjähriger solltest du das schon wissen!
3. Zwei **f**ünfzehnjährige Schülerinnen des Diebstahls überführt!
4. Mein Opa ist noch mit **a**chtzig Motorrad gefahren.
5. Mit **d**reißig möchte ich auf jeden Fall schon Kinder haben.
6. In den **n/N**eunziger Jahren war der Retro-Stil modern.
7. Meine Eltern waren Mitte **z**wanzig, als sie einander kennenlernten.
8. Mein Vater hat eine Flasche Rotwein aus den **N**eunzigern aufgemacht.
9. Ich schätze, er ist an die **d**reißig.
10. Im letzten Jahr hatte ich einen **E**inser in Mathematik.
11. Den letzten Schulball besuchten einige **H/h**undert Gäste.
12. Meine Lieblingszahl ist die magische **F**ünf.
13. Lies dir Seite **d**rei genau durch!
14. Wer einen **S**echser würfelt, darf beginnen.
15. Wir **z**wei haben viel gemeinsam!
16. Meine **d**rei Lieblingsfarben sind: orange, blau und dunkelgrün.
17. Oje, heute ist Freitag der **D**reizehnte.
18. Jetzt schlägt's **d**reizehn!
19. Meine Oma feiert in Kürze ihren **A**chtziger.
20. Am **E**rsten des Monats gehe ich Haare schneiden.

64

1. Schon so **mancher** hat sich an diesem Problem die Zähne ausgebissen.
2. Ich kann das **alles** einfach nicht glauben!
3. Hallo, **ihr beiden**! Wollt **ihr euch** nachher mit uns treffen? (Großschreibung „Ihr beiden", „Ihr Euch" wäre nur in Briefen möglich!)
4. Von dieser neuen Lernmethode habe ich schon **einiges** gehört.
5. Und von diesem **Niemand** muss ich mir etwas sagen lassen?
6. Mein neuer Freund hat das gewisse **Etwas**.
7. Heute Nachmittag möchte ich einfach mal die Seele baumeln lassen und **nichts** tun.
8. Mir wird das **Ganze** jetzt schon zu viel.
9. Mein Rucksack fasst 25 Liter, deswegen kann ich nur **w/Weniges** einpacken.
10. Es ist nicht das erste Mal, dass **einige** von **euch** zu spät kommen! (Großschreibung „Euch" wäre nur in Briefen möglich!)
11. Bestimmt können **Sie sich** nicht mehr an mich erinnern!
12. Ihr braucht euch **meinetwegen** nicht zu beeilen!
13. Sie hat das **i/Ihre** dazu beigetragen.
14. Das kümmert ihn offensichtlich **wenig**.
15. Grüß mir die **d/Deinen**!
16. Du bist der **Einzige**, der mir wirklich wichtig ist.
17. Er kannte **etliche** von ihnen bereits vom Sehen.
18. Das ist **alles** nur geborgt!
19. Das **w/Wenige**, das ihr geblieben ist, hat sie ihm geschenkt.
20. Ich bin froh, dass wir uns mit **Sie** anreden.
21. Hermine, du bist mein **Ein und Alles**!
22. Jedem das **S/seine** und mir das **M/meiste**.
23. Wir stehen vor dem **Nichts.**
24. Das **Ganze** war leider völlig umsonst.
25. Die **beiden** turteln nun schon seit Wochen miteinander.
26. Wir haben im Urlaub so **einiges** erlebt.
27. Das habe ich **alles** schon einmal gesehen!
28. Ist das wirklich schon **alles**?
29. Meine Schwiegereltern haben mir das **Du** angeboten.
30. Du hast mir aber **wenig** übriggelassen (= übrig gelassen)!
31. Das **Einzige**, was zählt, ist unsere Liebe.
32. Schon so **mancher** hat sich über die neue Pausenregelung beschwert.
33. Nachdem wir uns schon eine Weile kennen, finde ich, dass wir zum **Du** übergehen sollten!
34. Du kannst **einem** leidtun!
35. Bitte lass mir auch **etwas** von der Schokolade übrig!
36. Es ist unglaublich, dass das geplante Straßenprojekt **keinen** stört.
37. Seit wann sind wir **per D/du**?
38. Sie haben schon **mehreres** erlebt.

65

1. Lieber Herr Meyer, wie geht es **Ihnen** jetzt?
2. Seit wann sind wir per **Du/du**?
3. Packen **Sie Ihre** Siebensachen und verschwinden **Sie**!
4. Liebe Autofahrer! Könnt **ihr euren** Müll nicht woanders abladen? (Großschreibung „Ihr", Euren" wäre nur in Briefen möglich!)
5. Hallo Schatz! Warum hast **du dich** so lange nicht gemeldet? (Großschreibung „Du", „Dich" wäre nur in Briefen möglich!)
6. Julia kann **sich** nicht erinnern.
7. Ich darf **Ihnen** die herzlichsten Grüße übermitteln, Herr Direktor.
8. Ich weiß, dass **Sie** für Tiere viel übrig haben, meine Liebe!
9. Liebe Helferinnen und Helfer, ich danke **Ihnen** allen für **Ihre** Leistung.
10. Niemand möchte jetzt mit **ihm** tauschen.
11. Hast du **sie** in letzter Zeit einmal getroffen?
12. Wir bitten **Sie** nun, **Ihre** Mobiltelefone abzuschalten.
13. Sie hat **ihre** Hunde gut unter Kontrolle.
14. Habt **ihr** vorhin nach mir gerufen, Peter und Susi?
15. Kann ich **Ihnen** helfen?
16. Sie behielt das **i/Ihre** immer im Auge.
17. Jetzt dürfen **Sie sich** wieder setzen, liebe Festgäste.
18. Schöne Grüße aus den Bergen schickt **dir/Dir dein/Dein** Karli. (auf einer Karte)
19. Hier müssen **Sie sich** wohl geirrt haben, mein Lieber!
20. Ich rufe **Euch/euch** zu mehr Ordnung in der Garderobe auf! (aus einem Schreiben)

66

1. Das ewige **Hin und Her** macht mich nervös!
2. Sein klares **Nein** muss ich akzeptieren.
3. Ich habe ihn schon **des Öfteren** getroffen.
4. Sehr **oft** muss ich an mein erstes Date mit dir denken.
5. Mit einem gleichgültigen **„Und?"** verließ Johnny den Raum.
6. Hast du das **Für und Wider** auch genau abgewogen?
7. Du könntest auf das ganze **Drum und Dran** verzichten!
8. Was zählt, meine Lieben, ist das **Hier und Jetzt**, nicht das **Gestern**.
9. Ich will, dass du mir **hier und jetzt** die Wahrheit sagst!
10. Mit Ihrem **Ja** leisten Sie einen sinnvollen Beitrag zur Umwelt!
11. Es war **gestern** das übliche **Ach und Weh** zu hören.
12. Sammeln wir zuerst die Argumente für das **Pro und Contra**!

67

die **B**erliner Mauer, die **i**talienische Riviera, die **S**alzburger Festspiele, das **B**randenburger Tor, der **f**ranzösische Champagner, der **W**iener Prater, die **a**merikanische Freiheitsstatue, der **g**riechische Bauernsalat, der **r**ussische Wodka, die **F**rankfurter Messe, die **L**ondoner Börse, der **H**amburger Hafen

68

1. Ich wollte schon immer die **Prager Altstadt** sehen.
2. Der **Mühlviertler Speck** schmeckt besonders gut.
3. Möchtest du **griechischen Bauernsalat** bestellen?
4. Mein großer Bruder kocht meistens **Frankfurter Würstel**.
5. Hast du schon einmal **Schweizer Käse** gekostet?
6. Bevorzugst du **italienische** oder **amerikanische Pizza**?
7. Am 9. November 1989 fiel die **Berliner Mauer**.
8. Ich esse gerne **türkischen Dönerkebab** mit viel Knoblauchsoße.
9. Im **Schönbrunner Tiergarten** leben zwei **chinesische Pandabären**.
10. Wir haben ein Hotel im **Pariser Studentenviertel** gebucht.
11. Die **Krimmler Wasserfälle** solltest du dir unbedingt ansehen!
12. Seit ein paar Jahren darf man den **Schiefen Turm von Pisa** wieder betreten.
13. „Eine Semmel mit **Mailander Salami**, bitte!"
14. Warst du schon einmal beim **venezianischen Karneval**?
15. Die **österreichische Autorin** Elfriede Jelinek erhielt den Nobelpreis für Literatur.
16. Der **Wiener Prater** ist bekannt für sein Riesenrad.
17. Hier sind Bilder vom **römischen Kolosseum**!
18. Wer wird deiner Meinung nach der nächste **amerikanische Präsident**?
19. Die **thailändische Hauptstadt** Bangkok muss man unbedingt gesehen haben!
20. Das Holz stammt aus dem **brasilianischen Regenwald**.

69

1. Karl der Große
2. Pippin der Kurze
3. (das) Kap der Guten Hoffnung
4. (das) Rote Kreuz
5. (die) Süddeutsche Zeitung
6. (die) Heiligen Drei Könige
7. (die) Vereinigten Staaten
8. (die) Chinesische Mauer
9. (der) Blaue Nil
10. (das) Tote Meer
11. (der) Nahe Osten
12. (der) Hohe Markt
13. (der) Indische Ozean
14. (der) Erste Weltkrieg
15. (die) Schwäbische Alb
16. (der) Heilige Gral
17. (das) Olympische Komitee

70

zB:

Als ehrenvolle Anrede für höchsten Würdenträger gilt „**Ihre Königliche Hoheit**“.
Die schwedischen Gardinen gibt es nicht nur in schwedischen Gefängnissen.
Das g/Gelbe Trikot geht auf den Sieger der Sprintetappe über.
Der w/Weiße Tod kann oft durch ein sogenanntes Lawinenpiepserl verhindert werden.
Das habe ich gerade erst am **s/Schwarzen Brett** gelesen!
Die Goldenen Zwanziger sind das Zeitalter der Josephine Baker und ihrer freizügigen Tänze.
Wie lange wird uns **der Blaue Planet** noch ertragen können?
Die Schwarze Witwe ist ziemlich klein und giftig.
Er gilt als **die g/Graue Eminenz** in der Firma.

71

1. Das Baby spielt mit einer **Rassel**.
2. Ich war **rasend** vor Wut.
3. Bei dem Regenschauer sind alle völlig **nass** geworden.
4. Du solltest dir die **Nase** putzen!
5. Die **Autoabgase** belasten die Atemluft.
6. Durch diese hohle **Gasse** muss er kommen!
7. Wir freuen uns **riesig** auf deinen Besuch!
8. Seit dem Unfall hat der Autolack kleine **Risse**.
9. **Bis** morgen!
10. Der Hund hat mich in die Wade **gebissen**.
11. Es handelt sich um ein **Missverständnis**!
12. Im Moment fühle ich mich richtig **mies**.
13. Du **wusstest** das genau!
14. Sie hat einen ganzen **Wust** von Spielsachen vor sich liegen.
15. Während sie Zeitung **las**, räumte er auf.
16. **Lass** das bitte nicht fallen!
17. Wir haben einen **Zwerghasen** gestreichelt.
18. Er **hasst** Regenwetter.
19. Bei diesem Anblick wurden alle **blass** vor Neid.
20. Bei der Kontrolle musste der Lenker in den Alkomat **blasen**.
21. Ich habe **fast** die ganze Hausübung fertig!
22. Richtig! Du hast es **erfasst**!
23. Dieser Wein ist ein richtiger **Fusel**!
24. Ich muss die **Fusseln** an meinem Pullover entfernen.
25. Das **hiesige** Wetter ist einfach ein Graus!
26. Am Nationalfeiertag **hisst** mein Opa die Fahne.

72

die Rassel	rasend
nass	Nase
Gasse	Autoabgase
Risse	riesig
gebissen	bis
Missverständnis	mies
wusstest	Wust
lass	las
hasst	Zwerghase
blass	blasen
erfasst	fast
Fusseln	Fusel
hisst	hiesige

73

1. Meine **Idealmaße** habe ich noch nicht erreicht.
2. So lange umrühren, bis sich eine feste **Teigmasse** bildet.
3. Danke, dass du mir Mut **eingeflößt** hast!
4. Zum Schnorcheln verwende ich **Flossen**.
5. Bewegung an der frischen Luft ist ein absolutes **Muss**!
6. Er arbeitet mit **Muße** an seinem Werk. (= bedächtig, ohne Hast)
7. Die Schüler der 4a sind sehr **beflissen** in ihrer Projektarbeit. (= eifrig)
8. Die Donau **fließt** durch Linz.
9. Gib Acht beim Überqueren der **Straße**!
10. Ich habe mir eine Kette aus **Strass** gekauft. (= Schmucksteine aus Glas)
11. Ihr werdet gemeinsam bestimmt viel **Spaß/Spass** haben!
12. Der Agent konnte dem tödlichen **Geschoss/Geschoß** im letzten Moment ausweichen.

74

die Idealmaße	die Teigmasse
einflößen	die Flossen
die Muße	das Muss
fließen	beflissen
die Straße	der Strass
der Spaß/Spass	das Geschoß/Geschoss

75

1. Bei dem Überfall wurde eine **Geisel** genommen.
2. Kennst du das Märchen „Der Wolf und die sieben **Geißlein**"?
3. Als meine Mutter starke Wehen hatte, kam sie in den **Kreißsaal.**
4. Wir saßen im **Sesselkreis** und sprachen über unsere Erfahrungen.
5. Sei doch nicht so ein **Griesgram**!
6. Ich liebe **Grießnockerl** mit Erdbeersoße!
7. In der Adventzeit essen wir oft **heiße** Maroni.
8. Das Medikament hilft gegen Schnupfen, Husten und **Heiserkeit.**
9. Bei einer Prüfung müssen die Lehrer die Schüler und Schülerinnen gleich auf die Fehler **hinweisen.**
10. Das **weiße** Kleid steht dir wirklich gut!
11. Mein Opa ist ein **weiser** Mann.
12. Der Nikolaus trägt einen **weißen** Bart.
13. **Genieß** deinen Urlaub!
14. Wenn ich Heuschnupfen habe, muss ich dauernd **niesen.**
15. Meine Schwester saß auf meinem **Schoß.**
16. Das Opfer wurde durch eine **Überdosis** vergiftet.
17. Einen Lebensmittelhändler nennt man in Österreich auch **„Greißler**".
18. Sehr alte Menschen werden auch als **Greise** bezeichnet.
19. Ich werde morgen mit dem ersten Zug **abreisen.**
20. Die Firma wollte das alte Haus **abreißen.**

76

die Geisel	das Geißlein
der Sesselkreis	der Kreißsaal
der Griesgram	das Grießnockerl
die Heiserkeit	heiße
hinweisen	das weiße Kleid
ein weiser Mann	ein weißer Bart
niesen	genieß
die Überdosis	der Schoß
die Greise	der Greißler
abreisen	abreißen

77

1. Zu Weihnachten **essen** wir **zuhause meistens** viele **Delikatessen.**
2. Wir haben **beschlossen**, den **scheußlichen** Geruch des **Misthaufens** zu ignorieren.
3. Der **Boss verriss** das Lenkrad, um dem **riesigen** Kaninchen auszuweichen.
4. Nachdem ich mich über den **Haselnussstrauch** (!) gebeugt hatte, **musste** ich heftig **niesen.**
5. Sarah **vergaß, dass** sie die **Tomatensoße** aufwärmen **musste.**
6. Soll ich dir etwas **Gruseliges** erzählen?
7. Es ist mir ein **Rätsel**, warum du **ausgerechnet Heringsschmaus** nicht **magst.**
8. „**Hast** du vielleicht ein **bisschen** Kleingeld?", fragte mich der **Obdachlose**.
9. Er **liest vorzugsweise Krimis**; auch **Gruselfilme** sind für ihn ein **Genuss.**
10. Nach diesem **furchteinflößenden Ereignis genossen** wir eine **Tasse** warmen Tee vor **unserem** Kamin.
11. Die **meisten** Menschen sind sehr leicht **beeinflussbar.**
12. Meine Mutter geht **besonders** gern im Jänner einkaufen, denn da ist **Ausverkauf** und es gibt viele **Preisnachlässe.**
13. Er legte ein **Geständnis** ab und **musste** wider Erwarten nicht ins **Gefängnis**, sondern kam mit einer **Geldbuße** davon.
14. Das Bier **floss** in Strömen aus dem **Fass** und die **Musik** spielte laut.
15. Wir wanderten ein Stück **flussaufwärts**, bis wir auf eine Affenfamilie **stießen.**
16. „Du **weißt, dass** ich deine **Gewissenhaftigkeit äußerst** schätze", sagte er, „aber ich finde, du **machst** dir manchmal auch zu viel **Stress**!
17. Im **Semester** hatte ich zwei Genügend im **Zeugnis**, aber bis zum **Jahresende** möchte ich meine Noten **verbessern.**
18. **Außer** meiner Freundin und mir war um diese Zeit niemand mehr **draußen**, denn es war schon seit Stunden **finster** und **außerdem eiskalt.**
19. Meine Stärken sind, **dass** ich **pflichtbewusst**, **zuverlässig**, **fleißig** und **selbstbewusst** bin.
20. **Wusstest** du, **dass** man sich nicht **weiß** kleiden soll, wenn man zu einer Hochzeit geht? – Ja, **außer** man ist selbst die Braut!

78

reißen	riss	gerissen
hassen	hasste	gehasst
gießen	goss	gegossen
meißeln	meißelte	gemeißelt
beißen	biss	gebissen
hissen	hisste	gehisst
heißen	hieß	geheißen
fließen	floss	geflossen
beweisen	bewies	bewiesen
schmeißen	schmiss	geschmissen
küssen	küsste	geküsst
reisen	reiste	gereist
wissen	wusste	gewusst
verpassen	verpasste	verpasst
lesen	las	gelesen
verdrießen	verdross	verdrossen
rieseln	rieselte	gerieselt
vergessen	vergaß	vergessen
fressen	fraß	gefressen
genießen	genoss	genossen
stoßen	stieß	gestoßen
messen	maß	gemessen
pressen	presste	gepresst
prasseln	prasselte	geprasselt
grausen	grauste	gegraust
vermiesen	vermieste	vermiest
niesen	nieste	geniest
blasen	blies	geblasen
brausen	brauste	gebraust
vermissen	vermisste	vermisst
verfliesen	verflieste	verfliest

79

1. Leise **rieselt** der Schnee ...
2. Der Regen ist an mein Fenster **geprasselt.**
3. Mich hat vor dem Braten so **gegraust**, dass ich ihn nicht **essen** konnte.
4. Ich komme zu spät, weil ich den Bus **verpasst** habe.
5. **Beweise** mir, dass du mich wirklich liebst!
6. Du warst lange weg und ich habe dich schrecklich **vermisst**!
7. Mein Vater hat unser Bad neu **verfliest.**
8. Hast du etwa nicht **gewusst**, dass sie zusammen sind?
9. Mit deinen unappetitlichen Geschichten hast du mir das Essen **vermiest.**
10. Mir ist der Faden **gerissen.**
11. Er hat mich absichtlich zu Boden **gestoßen**!
12. Damit der Kleber hält, muss man die beiden Teile fest **zusammenpressen.**
13. Ich werde dich an deinen Taten **messen**!
14. Ich hoffe, du hast nicht **vergessen**, dass wir für heute verabredet sind!
15. Wir lassen uns trotz des Regens das Campen nicht **verdrießen.**
16. Sabine **las** die ganze Reise hindurch in ihrem Buch.

80

los-	heraus-	aus-
losbinden	herausstellen	ausstellen
loslegen	herauslegen	auslegen
losreißen	herausreißen	ausreißen
losgehen	herausgehen	ausgehen
loslaufen	herauslaufen	auslaufen
losmachen	herausgeben	ausgeben
		ausmachen

81

1. das Hindernis – die Hindernisse
2. der Reisebus – die Reisebusse
3. der Speisekürbis – die Speisekürbisse
4. das Ereignis – die Ereignisse
5. das Erlebnis – die Erlebnisse
6. das Bekenntnis – die Bekenntnisse
7. das Verhältnis – die Verhältnisse
8. der Wanderzirkus – die Wanderzirkusse

82

Abschluss/reif: abschlussreif
Kompromiss/bereit: kompromissbereit
Aufschluss/reich: aufschlussreich
Guss/eisern: gusseisern
Lust/betont: lustbetont
Hass/erfüllt: hasserfüllt
Rost/frei: rostfrei
Entschluss/freudig: entschlussfreudig
Genuss/süchtig: genusssüchtig
Frost/sicher: frostsicher
Lösung/orientiert: lösung**s**orientiert
Kunst/voll: kunstvoll
Schuss/sicher: schusssicher (!)
Riese/groß: riese**n**groß

83

Fremdwort	Verb	Erklärung
Diskussion	diskutieren	Wechselrede
Kristall	kristallisieren	regelmäßige Form der Minerale
Transformator	transformieren	Umspanner von elektrischem Strom
Prozess	prozessieren	gerichtliches Verfahren, Ablauf
Signal	signalisieren	Zeichen
Interesse	interessieren	Aufmerksamkeit, Anteilnahme
Demonstration	demonstrieren	Kundgebung, Vorführung
Kriminalität	kriminalisieren	Straffälligkeit
Kritik	kritisieren	Beurteilung, Tadel
Mikroskop	mikroskopieren	optisches Instrument zur Vergrößerung kleiner Gegenstände
Instruktion	instruieren	Anweisung
Observation	observieren	Beobachtung
Disziplin	disziplinieren	Ordnung, Selbstbeherrschung
Friseur	frisieren	Haarstylist
Fritteuse	frittieren	Küchengerät zum Herausbacken in heißem Fett
Rasur	rasieren	Bart schneiden
Material	materialisieren	Rohstoff
Fantasie	fantasieren	Einfallsreichtum, Vorstellungskraft
Inserat	inserieren	Anzeige (zB in einer Zeitung)

84

Erklärung	Fremdwort	Verb
Rücktritt	die Demission	demissionieren
körperliche und seelische Überbeanspruchung	der Stress	stressen
Verbrauch	der Konsum	konsumieren
Vereinigung	die Organisation	organisieren
Mitarbeiter	der Assistent	assistieren
Glaubensverbreitung, Auftrag	die Mission	missionieren
Bau, Entwurf	die Konstruktion	konstruieren
selbsttätiger Apparat	der Automat	automatisieren
Beschlagnahme	die Konfiskation	konfiszieren
Vorrat, Ersatz	die Reserve	reservieren
Standort	die Position	positionieren
Genauigkeit	die Präzision	präzisieren
unterschiedliche Behandlung, Herabsetzung	die Diskriminierung	diskriminieren
Grundform, Modell, Bauart	der Typ	typisieren
feines Gerät für Arbeiten, zum Musizieren	das Instrument	instrumentalisieren
Einrichtung	die Institution	institutionalisieren
geistige Eingebung	die Inspiration	inspirieren
Zulassung, Einschreibung an der Universität	die Inskription	inskribieren
prüfende Besichtigung	die Inspektion	inspizieren
Vereinbarung, bei der beide Teile nachgeben	der Kompromiss	kompromittieren (= bloßstellen!)
Ausdehnung	die Dimension	dimensionieren

85

1. Bevor das umgebaute Motorrad zugelassen wurde, musste ich es erst **typisieren** lassen.
2. Mein Bruder ist seit heuer an der Technischen Universität in Wien **inskribiert**.
3. Besonders zur Weihnachtszeit steigt der **Konsum** von alkoholischen Getränken stark an.
4. Wir **protestieren** gegen Ihren Unterricht, Herr Professor!
5. Ich komme sehr knapp vor Vorstellungsbeginn – **reservierst** du mir einen Sitzplatz neben dir?
6. Meine Eltern sind Mitglieder der **Organisation** Greenpeace.
7. Unsere **Fritteuse** verwenden wir eigentlich nur zum Herausbacken von Pommes frites.
8. Der **Assistent** unserer Englischlehrerin kommt aus Ohio und ist sehr sympathisch.

9. Das Streiten lohnt sich nicht – wir werden uns bemühen, gemeinsam einen **Konsens** zu finden!
10. Kannst du bitte aufhören, mich ständig zu **kritisieren**? Ich nörgle auch nicht dauernd an dir herum!
11. Meine kleine Schwester hat so hohes Fieber, dass sie sogar schon **phantasiert** (auch: fantasiert).
12. Unser Pfarrer hat sich für eine **Mission** in Afrika gemeldet.
13. Statt deine Haare zu färben, könntest du sie einfach mal ordentlich **frisieren**.
14. Unser Klassenvorstand sagt, in unserer Klasse herrsche zu wenig **Disziplin**.
15. Könnten Sie Ihre Aussage bitte **präzisieren**? Ich bin mir nicht sicher, ob ich Sie richtig verstanden habe!
16. Mein Bruder möchte sein Auto verkaufen und hat es deswegen bei eBay **inseriert**.
17. Lassen Sie sich durch diesen Vortrag zu neuen Ideen **inspirieren**!
18. Ich **interessiere** mich für Fußball und Kickboxen.
19. Bei einer **Diskussion** ist es wichtig, den anderen zuzuhören und auf ihre Aussagen zu reagieren.
20. Im Biologieunterricht haben wir ein Kuhauge seziert und Teile davon **analysiert**.

86

1. Viele wollen nicht mit Aktien **spekulieren**.
2. Ich kann von einem wirklich **spannenden** Abenteuer berichten, bei dem auch der **Spaß** (oder: **Spass**) nicht zu kurz kam.
3. Die Straße erschien mir nicht asphaltiert und sehr **staubig**.
4. Der **Speicher** seines neuen Computers ist doppelt so groß wie der des alten.
5. Verrate mir deine liebste **Speise**!
6. Rein **statistisch** gesehen, hat jeder in Europa ein Fahrrad.
7. Kein Verwackeln mehr mit diesem Bild**stabilisator**!
8. Im März zeigen sich die ersten **Sprossen**.
9. Ich fürchte, der **Sprit** ist aus.
10. Wir genießen den hohen Lebens**standard**.

87

1. Ich kann nicht glauben, **dass** du **das** Kleid, **das** du trägst, selbst genäht hast!
2. Hast du dir **das** auch wirklich gründlich überlegt?
3. Das Übungsbeispiel, **das** Sie uns aufgegeben haben, war für mich zu schwierig.
4. Bist du dir auch sicher, **dass** du lieber alleine bleiben willst?
5. Mein Bruder hat **das** beste GPS, **das** es momentan zu kaufen gibt.
6. 16 Jahre mit dem Motorrad durch die Welt reisen – kannst du dir **das** vorstellen?
7. Ich habe irgendwie **das** Gefühl, **dass** du **das**, was du sagst, nicht ganz ehrlich meinst.
8. **Dass das** ein Fehler war, war mir eigentlich sofort klar.
9. Hört meine CD und ihr werdet merken, **dass** ich einen anderen Stil pflege!
10. Schon bei der ersten Bandprobe hatte sie das Gefühl, **dass** es „rockt" und **dass** sie in dieser Besetzung perfekt zusammenpassen.
11. Ein Fußballspieler nach einem 13-Sekunden-Einsatz: „Für mich war es wichtig zu sehen, **dass** ich konditionell mithalten konnte!"
12. Was kann ich tun, **dass** meine Freundin mir **das** glaubt?
13. **Dass** wir statt Musik zwei Stunden Mathe haben, **das** finde ich ganz schön unfair!
14. Überzeuge dich davon, **dass** die Kuvertüre wirklich geschmolzen ist, bevor du sie über den Kuchen gießt!
15. Ich finde, **das** ist eindeutig eine Torwartfrage!
16. **Dass** sich Pumas heute wieder stärker vermehren, wird von Biologen bestätigt.
17. Bei dem Spiel, **das** ich mir gestern angesehen habe, haben die Österreicher leider verloren.
18. Auch du musst lernen, **dass** man nicht immer gewinnen kann!
19. Hast du gewusst, **dass** die Chinesische Mauer zirka siebenmal so lang wie Deutschlands Grenze ist?
20. **Dass** man gut die Balance halten kann, ist beim Voltigieren sehr wichtig.

88

1. Das Mädchen, **das** gestern bei den Nachbarn zu Besuch war, geht nächstes Jahr mit dir in die Klasse.
2. Zeige mir, **dass** du **das** Kapitel verstanden hast!
3. **Dass** du schon alles kannst, **das** war mir von Anfang an klar.
4. Ich finde es interessant, **dass** chinesische Kinder in den ersten Schuljahren ungefähr 3000 Schriftzeichen lernen.
5. Hast du schon mal gehört, **dass** Gottesanbeterinnen bei der Paarung manchmal die Männchen auffressen?
6. Mir fällt auf, **dass** du ständig zu spät kommst.
7. Mensch, ist **das** langweilig hier!
8. Viele Experten sagen, **das** könnte für den Planeten zur Gefahr werden.
9. **Das** Baby, **das** die Frau auf dem Foto in ihren Armen hält, bist du!
10. **Dass** man mit Essstäbchen nicht auf andere zeigt, gehört in Asien zu den Tischsitten.
11. **Das** Obst, **das** vom Buffet übriggeblieben ist, haben wir an die Schweine verfüttert.
12. Hast du nicht gelesen, **dass das** Betreten des Grundstücks verboten ist?
13. Mein Lehrer hat mir nahegelegt, **dass** ich mir eine Nachhilfelehrerin suchen soll.
14. Und **das** soll witzig sein?
15. Ich habe schon befürchtet, **dass** du dir wieder eine gruselige Überraschung ausdenkst!
16. Aber **das** ist doch lächerlich!
17. Ich bin mir sicher, **dass** du **das** schaffen kannst!
18. Wenn Hunde im Schlaf mit dem Schwanz wedeln, bedeutet **das, dass** sie träumen.
19. Sag bloß, **dass** du **das** nicht wusstest!
20. Viele Generationen dieser Familie lebten davon, **das** Gold nach Europa zu importieren.

89

1. Ich bin froh darüber, **dass** wir uns so gut verstehen.
2. **Dass** ich dir vertraue, **das** weißt du hoffentlich.
3. Ein Liebesbrief ist die schönste Art zu sagen, **dass** man jemanden gern hat.
4. Das Eis, **das** ich letzten Sommer am liebsten gegessen habe, gibt's heuer nicht mehr.
5. **Das** ist wirklich schade!
6. Er hat uns versichert, **dass** er gut auf unsere Katze aufpassen werde.
7. Das Fitnessstudio, **das** wir von der Schule aus besuchen, heißt *Lifeline*.
8. Kannst du dir vorstellen, **dass** es zu Weihnachten keinen Schnee mehr geben wird?
9. Hast du dir **das** selbst ausgedacht?
10. Entscheidend ist, **dass** du nach deinem Gewissen handelst.
11. **Das** ist jetzt aber viel zu einfach!
12. Ich habe geträumt, **dass** ich Skispringer bin und oben am Start stehe.
13. Mut zu haben heißt für mich, **dass** man sich für andere einsetzt.
14. Ob es Engel wirklich gibt, **das** weiß ich nicht!
15. Meine Freundin hört Techno – **das** finde ich nur peinlich!
16. **Dass** wir so gute Freunde werden, **das** habe ich mir nicht gedacht!
17. Wenn du willst, **dass** ich dir zuhöre, dann hör' auch du mir zu!
18. Das Familienfoto, **das** bei uns im Vorzimmer hängt, sehe ich mir immer wieder an.
19. Wer sagt, **dass** du Recht hast?
20. **Dass** du ein großartiger Koch bist, ist unumstritten.

90

1. Ich glaube nicht, dass du Recht hast.
2. Dass du keinen Absender angegeben hast, (das) finde ich schade.
3. Ich finde es total peinlich, dass sie mich immer ansieht.
4. Ich verstehe, dass es dir unangenehm ist.
5. Dass du kein Unschuldslamm bist, (das) erkennst du selbst.
6. Dass nicht immer nur die Erwachsenen alles bestimmen, (das) ist für Kinder wichtig.
7. Meine Eltern haben mir versprochen, dass ich ins Kino gehen darf.
8. Ich weiß, dass du es nicht immer leicht mit mir hast.
9. Dass wir nach dem Turnier gemeinsam Eis essen, (das) schlägt unser Lehrer vor.
10. Ich wünsche mir, dass die nächsten Ferien genauso schön werden.

91

1. Ich **wüsste** nicht, **was** an **diesem** Kleid so **besonders** sein sollte!
2. Jeder **weiß**, **dass** es **durchaus** nicht einfach **ist**, am **Gesichtsausdruck** eines Menschen **festzustellen**, **was** er gerade fühlt – viele fragen sich daher **berechtigterweise**, ob **das** mit einer **Computeranalyse** möglich ist.
3. Das **geheimnisvolle** Lächeln von Leonardo da Vincis *Mona Lisa* drückt angeblich **hauptsächlich** Glück aus, eine **Untersuchung** von **Wissenschaftlern** zeigte aber auch, **dass** die Frau Zorn, Angst und Ekel empfindet – **das** finde ich **interessant**!
4. In meinem **Lieblingsmärchen** geht es darum, **dass** sich eine Hexe als freundliche Alte **ausgibt** und die Kinder in ihr **Haus** lockt, um sie **anschließend** zu **verspeisen**.
5. Durch seine **besonderen** magischen **Künste** und **Weisheiten** wurde dieser Mann eine Legende.
6. Das Ziel **unserer** Kampagne ist, **dass** Kinder **besser** über das **Essen** Bescheid **wissen** und seltener zu **Fast** Food greifen.
7. **Wusstest** du, **dass** Fakire stundenlang auf einem Nagelbrett stehen können?
8. Als das Feuer **ausbrach**, reagierten manche **Insassen** völlig **hysterisch**.
9. Als der **ängstliche Riese** das **Bewusstsein** verlor, **fesselten** ihn die Menschen und brachten ihn zurück in seine **einsame** Höhle.
10. Ich habe **gelesen**, **dass** in **Amerikas** Schulen Automaten mit **süßen Durstlöschern** wie Cola und Limonade in Zukunft gegen Geräte mit **gesünderen** Getränken **ausgetauscht** werden – das wäre **gewiss** auch bei uns eine gute Idee!
11. **Das** Wort *Sudoku* (**das** ist der Name des **Zahlenrätsels**, **das** mittlerweile weltbekannt **ist**), **ist** die Kurzform eines japanischen Satzes, der soviel bedeutet wie: Die Zahl **muss** alleine bleiben.
12. Bei den **Grabungsarbeiten** im Tal der Könige in Ägypten war sich der Archäologe Howard Carter sicher, **dass** es **mindestens** noch ein **unentdecktes** Grab geben **müsste** – nämlich **das** des **vergessenen** und **geheimnisvollen Pharaos** Tutenchamun.
13. Er war sich sicher, **dass** er die Prüfung nicht **bestanden** hatte, aber er **ließ** sich nichts anmerken.
14. Ich habe ein **Flüstern** und sehr **leise** Stimmen gehört, aber leider **wusste** ich nicht, worum es ging.
15. Das Geld wurde **gleichmäßig** unter den Gewinnern aufgeteilt, und denen, die nicht **anwesend** waren, wurde ihr **rechtmäßiger** Anteil aufs Konto **überwiesen**.
16. Bist du dir sicher, **dass** ich mich auf dich **verlassen** kann und **dass** du nicht wieder **vergisst**, **das** Licht **auszuschalten**?
17. Die Kinder **sausten** wie der Wind – als sie endlich den **Fluss** erreicht hatten, waren sie alle **außer** Puste.
18. Er **saß zuhause** und **wusste** nicht, **was** er mit seinem **unermesslichen** Reichtum anfangen sollte.
19. Meine Oma **liest** morgens immer die Zeitung, und sobald sie **diese beiseite** gelegt hat, **gießt** sie ihre Blumen.
20. Mir ist **durchaus bewusst**, **dass** ich in letzter Zeit **etwas vergesslich** war!

92

1. Sollte das Sitzenbleiben abgeschafft werden**? (F)**
2. Mir ist wichtig, dass mir jemand zuhört**. (A)**
3. Lady Diana wurde zur Königin der Herzen, weil sie vielen Menschen half**. (A)**
4. Komm, mach doch mit**! (R)**
5. Bitte zu Tisch**! (R)**
6. Hast du Lust, dich mit mir zu treffen**? (F)**
7. Weißt du, wie diese Krankheit übertragen wird**? (F)**
8. Hör auf deinen Körper**! (R)**
9. Ich heiße Nadine, bin 14 und suche Brieffreunde aus aller Welt**. (A)**
10. Gleich morgen kaufe ich mir das neue „Bravo"**. (A)**

93

1. Haben Nichtraucher einen besseren Geschmackssinn? **J**a, ihre Zunge ist empfindsamer.
2. Zigaretten enthalten viele schädliche Inhaltsstoffe. **H**ör doch endlich auf zu rauchen!
3. Warum soll gerade ich aufhören? **I**ch fühle mich recht gut.
4. Das ist aber wirklich keine intelligente Antwort! **W**ie lange ist das noch so?
5. Und außerdem mag ich nicht länger mitrauchen. **D**a ist man genauso gefährdet.
6. Du hast Recht! **V**ielleicht sollte ich wirklich auf eine gesündere Sucht umsteigen?
7. Meinst du wirklich? **S**oll ich noch ein Stück Torte essen?
8. Das ist doch eine Frechheit! **H**ier wird einem nichts geboten außer teure Preise!

94

(Statt dem [**;**] könntest du immer auch einen [**,**] setzen.)

1. Der Kinofilm ist schon zu Ende**;** wir bleiben jedoch noch ein wenig sitzen.
2. Ich habe mich wirklich lange genug damit geplagt**;** jetzt ist Schluss.
3. Auf dem Bahnhof gibt es vieles zu sehen: Reisende und Wartende**;** Koffer und Taschen**;** Würstelbuden und Cafés**;** Züge und Waggons.
4. Ich möchte dir so gerne ein Geständnis machen**;** aber ich trau mich nicht.
5. Das Wetter hat sich sehr verschlechtert**;** dennoch komme ich.
6. Ich werde dir noch einmal beim Suchen helfen**;** doch es ist das allerletzte Mal.

95

1. Er behauptet – mal schauen, ob er's schafft – , dass er mit einem Traktor hüpfen kann.
2. Wir sind dir – das möchte ich noch einmal unterstreichen – zu sehr großem Dank verpflichtet.
3. Sie kauften sich – heuer zum ersten Mal! – eine Tüte Eis.
4. Schließlich kam er doch – wer hätte das gedacht! – ins Ziel.
5. Sie kann – und das ist besonders schade – nicht auf ihre Zigaretten verzichten.
6. Wir werden – im Gegensatz zu allen anderen Teams – keinen Boxenstopp einlegen.
7. Sie meinte – da hat sie nicht ganz Unrecht – , es sei unwichtig.
8. Jedes Jahr im Frühling – egal bei welchem Wetter – machen wir eine Wallfahrt.

96

Verkehrte Welt

Ein hübsches Mädchen fährt bei Rot über die Kreuzung. Der Verkehrspolizist pfeift auf der Trillerpfeife, doch das Mädchen reagiert nicht. Der Polizist verfolgt sie auf dem Motorrad und stoppt die Fahrerin.
„Haben Sie meinen Pfiff nicht gehört?"
„Doch, aber ich habe schon eine Verabredung!"

***

A sagt: „Vor dir steht ein Löwe, hinter dir ein Tiger, links ein Puma und rechts ein Jaguar. Was machst du da?"
„Ich hab keine Ahnung", erwidert B.
A darauf: „Ganz einfach. Du steigst einfach in den Jaguar und fährst davon!"

***

Eine ältere Dame zu einem Jungen: „Warum weinst du denn, Kleiner?"
„Weil kein Auto kommt", meint dieser.
Die Dame erstaunt: „Na und?"
Der Junge heulend: „Wir haben in der Schule gelernt, dass man erst über die Straße darf, wenn das Auto vorbeigefahren ist!"

97

1. Wolf Haas lässt in seinem Roman „Der Knochenmann" eine Grillstation zum Ort des Verbrechens werden.
2. Im Sportteil berichtet „Der Standard" von einem ungewöhnlichen Spielerverkauf im Fußball.
3. Das Gedicht „Es ist alles eitel" von Andreas Gryphius bringt barockes Lebensgefühl auf den Punkt.
4. Im Film „Wie im Himmel" geht es um einen Musiker, der nach einem totalen Zusammenbruch seine Lebensfreude wiederfindet.
5. Die Komödie „Einen Jux will er sich machen" zählt zu den erfolgreichsten von Johann N. Nestroy.
6. „Federer schwebt im Tennishimmel" titelt die Sportzeitung heute nach dessen 5. Turniersieg in Serie.
7. Mit dem Song „Über den Wolken" wurde er im ganzen deutschsprachigen Raum berühmt.
8. Wir haben „Das Sprachbastelbuch" fünfmal zu Hause, jeder hat sein eigenes Exemplar.

98

1. In ihrem Gesicht spiegelte sich nur eines: Freude.
2. Ein antikes Sprichwort sagt: Der zweite Gedanke ist oft der bessere.
3. Ihr Kind benötigt: festes Schuhwerk, eine Regenjacke und einen Sonnenhut.
4. Führerschein, Pass, Geldtasche: Alles war auf einmal weg.
5. Deutsch: sehr gut. Verhalten: sehr zufriedenstellend.
6. Eines musst du immer bedenken: Du bist eine einmalige, wunderbare Person.
7. Alle leiden daran, aber keiner tut etwas dagegen: furchtbare Langeweile.

99

1. Eines wusste sie bestimmt: Das war ihr letztes Treffen mit Jimmy gewesen.
2. Ich sage es dir nur einmal: Liebe ist kein Spiel.
3. Die Babysitterin grinste schelmisch: „Wir werden uns bestimmt gut verstehen!"
4. Zwischen uns ist alles geklärt: Du übernimmst die rechte, ich die linke Seite.
5. Mein Vater meinte: „Du hattest wieder einmal Recht/recht. Schwarze Pisten sind nichts für mich!"
6. Unser Motto lautet: Versprochen ist versprochen und wird auch nicht gebrochen.
7. Auf einer Pizza mag ich(:) Eier, Sardellen, Schinken und Champignons.
8. Was ich an dir schätze: deine Zuverlässigkeit, deinen Humor und deine Ehrlichkeit.
9. Computer, Mobiltelefon, Internet: Wir leben nicht mehr im 18. Jahrhundert!

100

1. Ries'ge Bäume standen auf einmal vor mir.
2. So hört's doch auf! Da helfen auch keine Wut- und Zornanfälle.
3. Liebe Mitarbeiter/innen, ein herzliches Vergelt's Gott für die Mithilfe.
4. Der Bühnenauf- und -abbau wird vom Veranstalter übernommen.
5. Interessenten/Interessentinnen mögen sich im Personalbüro vorstellen.
6. Auf der Autobahn wird man mit der erlaubten Höchstgeschwindigkeit von 130 km/h von vielen überholt.
7. Für Winter/Frühling 2007/8 haben wir uns den völligen Um- und Ausbau vorgenommen.
8. Mit 120 Absolventen/Jahr liegen wir klar im Spitzenfeld.

101

1. **Hans'** Tanzkünste waren leider mehr als bescheiden.
2. Von **Elvis'** Zwillingsbruder, der schon bei der Geburt starb, wissen die wenigsten.
3. Das zweite Buch des Aristoteles über die Poetik soll die Komödie zum Thema gehabt haben.
4. **Johannes'** Cousine bewunderte ihn für sein Klavierspiel.
5. Der freche Begleiter des Moritz hieß mit Namen Max.
6. **Florenz'** Uffizien sind eine der bedeutendsten Gemäldegalerien Europas.
7. Weißt du, dass **Beatrix'** Schwester Monika heißt?
8. Annas Vorliebe galt den Mehlspeisen, ganz besonders dem Kaiserschmarren.
9. Venezuelas wichtigster Bodenschatz ist das Erdöl.

102

1. Harald, Peter, Mary, Fred, Martha, und Fritz sind die Namen unserer Schafe.
2. Zu den wichtigsten Flüssen Oberösterreichs zählen Donau, Inn und Traun.
3. Ich gehe heuer als gefährlicher, furchterregender Pirat auf die Faschingsparty.
4. Maus, Computer und Tastatur kennt heute jedes Kind.
5. Du kannst dein Steak auf verschieden Arten haben: medium, blutig oder paniert!
6. Wir beendeten durchnässt, erschöpft und mit letzter Kraft die vorletzte Etappe.

103

1. Ich frage mich wirklich, was du mit dieser Ausbildung machen willst, was du dir davon versprichst.
2. Letztes Jahr hatten wir einen feuchten Sommer, fünf Wochen hindurch regnete es.
3. Ärgere dich nicht mehr, sieh es gelassen und versuche es noch einmal!
4. Ich weiß, wo du die Schuhe kaufen kannst, wo du sogar auf Raten bezahlen kannst.
5. Denk an deine Talente, plane deine Berufskarriere!
6. Keiner hat ihn davor gewarnt, keiner hat ihn zurückgehalten, alle haben sie nur geschmunzelt.
7. Was für eine Verbindung ist die beste, wo fährt der Zug ab und wie lange dauert die Fahrt?
8. Das ist klug, weil es das noch nicht gibt, weil es jeder irgendwie braucht und noch keiner im Angebot hat.

104

1. Vielleicht sollte man preiswertere, einfachere Geräte anschaffen?
2. Mit einigen roten Rosen wollte sie sich wieder mit ihm versöhnen.
3. Viele neue Bücher warten in den Regalen auf ihre Leser.
4. Das verrostete, alte Mofa war sicher ein Schnäppchen!
5. Über die verwirrende politische Lage in diesen Ländern erfahren wir oft aus den Nachrichten.
6. Für ein Käsefondue braucht man auch älteren Schweizer Käse.
7. Bei stürmischem, regnerischem, miesem Wetter ist man lieber zu Hause.
8. Ich habe dieses unablässig laute Singen satt.
9. Ich wünsche mir zum Geburtstag ein richtig cooles Fahrrad.
10. Alle richtigen, leserlichen Antwortkarten nehmen an der Ziehung teil.

105

1. Ich möchte weder dich noch jemand anderen sehen!
2. Sebastian ist zwar kein guter Fußballspieler, aber er kann sehr schnell laufen.
3. Sowohl Pauls Schwester als auch sein Bruder kamen zur Überraschungsparty.
4. Entweder wir essen sofort oder ich plündere den Kühlschrank!
5. Er fährt nicht Snowboard, sondern Schi.
6. Meine Freundinnen und meine Schwestern verstehen sich ganz gut.
7. Sie hat ihre Haare nicht geschnitten, sondern abrasiert.
8. Einerseits habe ich Angst vor der Schularbeitenrückgabe, andererseits bin ich froh, wenn's endlich vorbei ist.
9. Hilfst du mir nun(,) oder willst du noch länger untätig herumstehen?
10. Wir wurden weder ermahnt noch gestraft(,) und doch habe ich ein seltsames Gefühl.

106

1. Johannes, Maria, Peter und Sabine sahen sich gemeinsam „Fluch der Karibik" an.
2. Alles, was ich mir wünsche, ist ein neues Haus, ein neues Auto, eine Kreuzfahrt in der Karibik und eine Million auf dem Konto.
3. Wir haben bereits Zwiebel, Petersilie, Karotten und Sellerie in die Soße gegeben – fehlt noch was?
4. Wer hat unsere kleine, schwarze, zutrauliche Katze gefunden?
5. Meine Eltern haben viele nette Freunde.
6. An einem Tag kann man tatsächlich Fallschirmspringen, Bungeejumping und Segelfliegen.
7. Kennst du schon die nette neue Freundin meines Bruders?
8. Ulrich, Heidi, Jochen und Ursula sind gemeinsam zur Schule gegangen.

9. Der reichlich gedeckte Frühstückstisch sieht sehr einladend aus.
10. Heute Nachmittag möchte ich spazieren gehen, ein Bad nehmen und dann ein gutes Buch lesen.
11. Wir haben Tee getrunken und uns tief in die Augen geschaut.
12. Der Stoff für den Vorhang in meinem neuen Zimmer ist dünn, weich, ganz leicht glänzend und cremefarben.
13. Wer will schon eine struppige, zahnlose, alte Katze?
14. Er sah sie mit einem äußerst zärtlichen Lächeln an.
15. Sie steht auf wilde, unkonventionelle, ohrenbetäubend laute Rockmusik.
16. Mit diesen Worten verabschiedete er sich, ging und ward nie mehr gesehen.
17. Ich fahre mit meinen alten, frisch gewachsten Skiern.
18. Er trinkt vorzugsweise schwarzen indischen Tee.
19. Bei uns erwarten Sie typische Tiroler Schmankerl sowie ein reichhaltiges Frühstücksbuffet.
20. Ich möchte Spanisch, Italienisch und Russisch lernen.

107

1. Nirgendwo gibt es bessere Burger als hier, wo wir heute Mittag Rast machen werden.
2. Vielleicht kann man das auch so sehen, dass es eigentlich ein Glück ist, dass du jetzt einen platten Reifen hast?
3. Keiner hat etwas davon, wenn du jetzt den starken Mann spielst!
4. Während Hugo den ganzen Weg zurücklief, rief Peter seine Schwester an, die auch sofort kam.
5. Als der Junge das entlaufene Tier wiedersah, machte er wie sein Hund einen Freudensprung.
6. Gerda schlug vor(,) ein Lagerfeuer zu machen und Würstel zu grillen.
7. Mittags mit den anderen gemeinsam zu speisen, daran liegt ihm sehr.
8. Lässig an den Türrahmen gelehnt und Kaugummi kauend(,) erwartete er sie.
9. Mehr Besucher, als die Veranstalter erwartet hatten, nahmen an der Wanderung teil.
10. Der Ball donnerte so heftig gegen die Fensterscheibe, dass sie in tausend Stücke zerbarst.
11. Ohne jetzt einen Streit provozieren zu wollen, möchte ich dir eine kritische Rückmeldung geben.
12. Du kannst dir die Punkte wieder zurückholen, indem du diese Strecke mit einem Tablett balancierst.
13. Der Versuch, die fallende Vase zu retten, endete leider erfolglos.
14. Damit hast du(,) grob geschätzt(,) 25 Kindern eine Riesenfreude gemacht.
15. Das brachte ihn auf die Idee, mehr Bilder zu malen, und er freute sich sehr.
16. Wir danken euch, dass ihr uns geholfen habt, und laden euch herzlich zum Hausfest ein.

108

1. Ruhe wird erst wieder einkehren, wenn die Wintersaison Anfang Mai zu Ende ist.
2. Mit diesem Schlüssel, den du da in Händen hältst, sperrten schon Kaiser und Könige auf.
3. Obwohl Kurt eher die Gemütlichkeit schätzt, ist er bei diesem Bewerb nicht aufzuhalten.
4. Er hat gefragt, ob jemand vielleicht ein Taschentuch für ihn hätte.
5. Die Sekretärin wollte den Computer nicht mehr anrühren, bevor nicht der Informatiker da war.
6. Das Mädchen, das beim Raufen ein blaues Auge abbekommen hatte, wurde vom Arzt behandelt.

109

1. Hast du schon einmal bemerkt, dass sie dich in der Pause immer anlächelt?
2. Was ist, wenn ich mich blamiere?
3. Ich möchte auch gerne in den Basketballverein, weil meine besten Freunde seit Kurzem dabei sind.
4. Er fühlt sich dort wohl, wo seine Familie zuhause ist.
5. Wir können uns nicht konzentrieren, wenn es in der Klasse laut ist.
6. Weil es in die Berge floh, überlebte das Mädchen den Tsunami.
7. Lawinen sind große Schnee- oder Eismassen, die sich von den Hängen lösen.
8. Wenn die Äpfel zu spät gepflückt werden, sind sie oft mehlig.
9. Meine Mitschüler lachen mich aus, weil ich kein Mobiltelefon habe.
10. Woher weiß man, welche Farben Dinosaurier hatten?

110

1. Ich möchte kurz anhalten, weil ich mir etwas zu trinken kaufen will.
2. Er hat keine Ahnung, warum es seinem Freund nicht gut geht.
3. Sag (es) mir bitte rechtzeitig, wann du ankommst.
4. Wir sind uns nicht sicher, woher wir uns kennen.
5. Verrate (es) mir, warum du sauer auf mich bist!
6. Sie will (es) uns nicht erklären, wieso diese Tür immer verschlossen ist.
7. Schwör's mir, dass du mich nicht verpetzt!
8. Susanne ist der Grund, weshalb ich momentan nicht gern zur Schule gehe.
9. Melde dich bei mir, wenn du Zeit hast!
10. Ich zeige (es) dir, wie das uralte Handwerk funktioniert.

111

1. Wenn ich maturiert habe, möchte ich ein Jahr lang ins Ausland gehen.
2. Ich weiß noch nicht, woher ich das nötige Geld nehmen werde.
3. Aber ich kann mir vorstellen, dass ich im Gastgewerbe arbeite.
4. Wenn Giraffenbullen kämpfen, schlagen sie den Kopf gegen den Hals des Rivalen.
5. Weil Giraffen das Trinken schwerfällt, verzichten sie oft auf Wasser.
6. Sie verdursten aber deshalb nicht, denn sie fressen umso mehr.
7. Ich glaube, dass die Arbeit als Tontechniker sehr abwechslungsreich ist.
8. Sie gehen, wenn es regnet, am liebsten spazieren.

9. Lass es mich wissen, falls du Hilfe brauchst.
10. Das Haus wird erst renoviert, wenn wir genug gespart haben.
11. Wer das nicht sehen will, hat keinen Sinn für soziale Gerechtigkeit, nach der die Leute rufen.
12. Trotz deiner Hilfe konnte ich das Projekt, das ich letzte Woche begonnen hatte, nicht beenden.
13. Ohne auch nur den kleinen Finger zu rühren, standen sie da und schauten mir beim Arbeiten zu.
14. Ich weiß jetzt, dass du Recht hattest, als du gegen dieses Vorgehen protestiertest.
15. Sie beeilten sich, um den Zug nicht zu versäumen, der sie nach Paris bringen sollte.
16. Das Bemühen, die kleinen Tiere mit dem Fläschchen hochzuziehen, war von Erfolg gekrönt.
17. Du weißt, wer hinter dieser Aktion steckt, die Peter vor allen lächerlich gemacht hat?
18. Jetzt sag doch endlich, was dir auf der Zunge liegt, was dich so massiv stört!
19. Wann dieser Tag kommen wird, weiß keiner.
20. Seine Idee, die ganzen Einnahmen einem Sozialprojekt zu spenden, fand regen Zuspruch.

112

1. Der Hund, friedlich schlummernd, war die ganze Zeit unterm Tisch.
2. Computerspiele, besonders Sprung- und Laufspiele, liebte er über alles.
3. Unser Campingplatz, direkt am Meer gelegen, ist der ideale Platz für Ihren unvergesslichen Urlaub.
4. Sie warf ihrem Bruder einen kleinen Bauklotz nach, ohne ihn verletzen zu wollen.
5. Fred, der beste Handballer des Teams, verletzte sich beim Snowboarden.
6. Nikolaus, ein richtig süßer Lausebengel, hat selbst gekocht und dabei die Küche verwüstet.

113

1. Ich treffe heute Marie, meine Nachbarin, die seit fünf Jahren hier wohnt.
2. Er stellt mir Martin, seinen besten Freund, vor, mit dem er schon seit der Kindheit befreundet ist.
3. Die Nachbarskinder zeigen mir Mobiltelefone, ältere und neuere, die sie verkaufen möchten.
4. Auf dem Foto siehst du Hansi, unseren tollkühnen Wellensittich, der Stürzflüge über alles liebt.
5. Wir machen einen Ausflug mit Marie, unserer kleinen Nichte, die wir sehr gerne haben.
6. Das Team feiert Dominic, seinen besten Spieler, der seit Kurzem auch Kapitän ist.

114

1. Popstar, Mutter, Ehefrau, Schauspielerin und erfolgreiche Modedesignerin, all das vereint die Tiroler Sängerin Sonja in sich.
2. Wenn die Sängerin nicht musikalisch unterwegs ist, dann kümmert sie sich um ihre erfolgreiche Modelinie, um ihre Schauspielkarriere oder um ihren kleinen Sohn.
3. Weil sie vor drei Jahren ihren Sohn Jamie zur Welt gebracht hatte, verschwand der einstige Star für einige Zeit aus dem Rampenlicht.
4. Heute sagt sie, dass sie damals etwas Abstand von der Bühne gebraucht habe.
5. Doch nun hat sie mit ihrem erfolgreichen Hit „Rock me Ötzi" ihr Comeback gefeiert.
6. Ihr neues Album beginnt, zur Überraschung ihrer Fans, mit einem herzhaften Jodler, den man eher den Tiroler Schürzenjägern zugeordnet hätte.
7. Es enthält, neben anderen alten Klassikern, auch andere Stilrichtungen, die man von Sonja nicht gewohnt ist.
8. Die schöne 32-Jährige hat in der Vergangenheit mit ihrer Band sowohl für romantische Balladen als auch für rockige Songs gesorgt.
9. Die schwierigen Anfangszeiten, in denen sie um den Erfolg ihrer CDs bangen musste, seien nun endgültig vorbei, meint die Sängerin stolz.
10. Fraglich ist allerdings, ob sie noch Teenager für sich begeistern kann.
11. Bei ihren Konzerten trifft man nämlich eher auf ältere Fans, die kommen, um ihre alten Hits live zu hören.
12. Doch Sonja ist sehr optimistisch, was die Zukunft anbelangt, und das ist auch gut so.

115

DER GESTIEFELTE KATER

1. Ein Müller hatte drei Söhne, seine Mühle, einen Esel und einen Kater.
2. Die Söhne mussten mahlen, der Esel Getreide und Mehl tragen und die Katze die Mäuse fangen.
3. Als der Müller starb, teilten sich die drei Söhne die Erbschaft.
4. Der älteste bekam die Mühle, der zweite den Esel, der dritte den Kater, doch weiter blieb nichts für ihn übrig.
5. Er war traurig und sprach: „Ich hab es doch am allerschlimmsten, mein ältester Bruder kann mahlen, mein zweiter kann auf seinem Esel reiten, aber was kann ich mit dem Kater anfangen? Lass ich mir ein Paar Pelzhandschuhe aus seinem Fell machen, so ist's vorbei."
6. „Hör", fing der Kater an, der alles verstanden hatte, was er gesagt, „du brauchst mich nicht zu töten, um ein Paar schlechte Handschuh aus meinem Pelz zu kriegen, lass mir nur ein Paar Stiefel machen, dass ich ausgehen kann und mich unter den Leuten sehen lassen, dann soll dir bald geholfen sein."
7. Der Müllerssohn wunderte sich, dass der Kater so sprach, weil aber eben der Schuster vorbeiging, rief er ihn herein und ließ dem Kater ein Paar Stiefel anmessen.
8. Als sie fertig waren, zog sie der Kater an, nahm einen Sack, machte dessen Boden voll Korn, oben aber eine Schnur daran, womit man ihn zuziehen konnte. Dann warf er ihn über den Rücken, ging auf zwei Beinen(,) wie ein Mensch(,) zur Tür hinaus(,) und die Geschichte nahm ihren Lauf.

DER FROSCHKÖNIG

1. In den alten Zeiten, wo das Wünschen noch geholfen hat, lebte ein König, dessen Töchter waren alle schön, aber die jüngste war so schön, dass sich die Sonne selber, die doch so vieles gesehen hat, darüber verwunderte, sooft sie ihr ins Gesicht schien.
2. Nahe bei dem Schlosse des Königs lag ein großer dunkler Wald(,) und in dem Walde unter einer alten Linde war ein Brunnen.
3. Wenn nun der Tag recht heiß war, so ging das Königskind hinaus in den Wald und setzte sich an den Rand des kühlen Brunnens.
4. Wenn es Langeweile hatte, so nahm es eine goldene Kugel, warf sie in die Höhe und fing sie wieder.
5. Nun trug es sich einmal zu, dass die goldene Kugel der Königstochter nicht in das Händchen fiel, das sie ausgestreckt hatte, sondern daneben auf die Erde schlug und geradezu ins Wasser hineinrollte.
6. Die Königstochter folgte ihr mit den Augen nach, aber die Kugel verschwand, und der Brunnen war tief(,) und gar kein Grund zu sehen.
7. Da fing sie an zu weinen, klagte immer lauter und konnte sich gar nicht trösten.
8. Und wie sie so klagte, rief ihr jemand zu: „Was hast du vor, Königstochter, du schreist ja, dass sich ein Stein erbarmen möchte."
9. Sie sah sich um, woher die Stimme käme, da erblickte sie einen Frosch, der seinen dicken hässlichen Kopf aus dem Wasser streckte.
10. „Ach, du bist's, alter Wasserpatscher", sagte sie, „ich weine über meine goldne Kugel, die mir in den Brunnen hinabgefallen ist."

11. „Gib dich zufrieden", antwortete der Frosch, „ich kann wohl Rat schaffen, aber was gibst du mir, wenn ich dein Spielwerk wieder heraufhole?"
12. „Was du willst, lieber Frosch", sagte sie, „meine Kleider, meine Perlen und Edelsteine, dazu die goldne Krone, die ich trage."
13. Der Frosch antwortete: „Deine Kleider, deine Perlen und Edelsteine, deine goldne Krone, die mag ich nicht, aber wenn du mich lieb haben willst, soll ich dein Geselle und Spielkamerad sein, an deinem Tischlein neben dir sitzen, von deinem goldnen Tellerlein essen, aus deinem Becherlein trinken, in deinem Bettlein schlafen: Wenn du mir das versprichst, so will ich dir die goldne Kugel wieder aus dem Grunde heraufholen."
14. „Ach ja", sagte sie, „ich verspreche dir alles, wenn du mir nur die Kugel wieder bringst."
15. Sie dachte aber: „Was der einfältige Frosch schwätzt, der im Wasser bei seinesgleichen sitzt und quakt und keines Menschen Geselle sein kann!"
16. Dass sie sich darin täuschte, dass ihr leicht gegebenes Versprechen ihr noch viele Sorgen bereiten sollte, ist bekannt.

DAS HÄSSLICHE ENTLEIN

1. Es war einmal eine Entenmutter, die gerade ihre Eier ausbrütete.
2. Es waren genau sieben Eier in ihrem Nest(,) und die Entenmutter freute sich schon sehr auf ihren Nachwuchs.
3. Eines Tages war es endlich soweit, aus den Eiern entschlüpften sechs putzmuntere Entlein.
4. Sie waren alle wunderschön und mit einem gelben, zarten Federflaum versehen.
5. Nur das siebte Ei lag noch immer unversehrt in dem Nest.
6. Es war größer als die anderen Eier und so sehr die Entenmutter auch darüber nachdachte, konnte sie sich nicht erinnern, wann sie es eigentlich gelegt hatte.
7. Gerade als sich die Entenmutter mit diesen Gedanken beschäftigt hatte, zerbarst das letzte Ei und heraus kam ein graues Entenküken, das seine Mutter verwundert ansah.
8. Die Tage vergingen wie im Flug, die sechs Entenkinder wuchsen schnell heran und lernten jeden Tag etwas Neues.
9. Nur das letzte, siebente Entlein bereitete ihr Sorgen, denn es war nicht nur unbeholfen und tollpatschig, sondern zudem auch noch sehr, sehr hässlich.
10. Die Tiere auf dem Bauernhof verspotteten das graue Entlein(,) und niemand wollte mit ihm spielen. Auch der Entenmutter bereitete es große Sorgen und traurig jammerte sie: „Alle meine Kinder sind so hübsch und klug, nur das letzte Entlein ist so hässlich geraten."
11. Dennoch hatte die Entenmutter auch dieses Entlein sehr lieb, und so versuchte sie immer wieder(,) es zu trösten.
12. Dann sprach sie zu ihm und fragte es traurig: „Mein kleines, armes Entlein, warum bist du nicht wie deine Geschwister, warum kannst du nicht so sein wie sie?"
13. Doch auf diese Frage wusste niemand eine Antwort, weder die Geschwister noch die Mutter und schon gar nicht das hässliche Entlein selbst.
14. Auch dem kleinen hässlichen Entlein war es nicht entgangen, dass es anders als seine Geschwister war und niemand auf dem Bauernhof etwas mit ihm zu tun haben wollte.
15. Es fühlte sich einsam, traurig und alleinegelassen.
16. Nachts, wenn seine Geschwister und all die anderen Tiere auf dem Bauernhof friedlich schliefen, weinte das kleine Entlein heimlich vor sich hin und fand keinen Schlaf.
17. Die Wochen und Monate vergingen(,) und seine Einsamkeit wurde ebenso größer wie das Gespött der anderen Tiere auf dem Bauernhof.
18. Eines Morgens, das kleine Entlein hatte wieder einmal die ganze Nacht geweint, entschloss es sich, einfach davonzulaufen.
19. Es konnte den Spott und die Häme der anderen nicht mehr ertragen.
20. Auf dem Bauernhof schliefen noch die Tiere(,) und das kleine Entlein machte sich auf den Weg.
21. Das glückliche Ende, das du bestimmt kennst, dass nämlich aus dem hässlichen Entlein ein schöner, stolzer Schwan wird, kommt erst später.

GOLDMARIE UND PECHMARIE

1. In vielen Märchen wird erzählt, dass es dem Guten und Fleißigen schlecht ergeht, während der Böse und Faule alles bekommt.
2. Wenn du denkst, ich meine jetzt Harry Potter und seinen Stiefbruder Dudley, so liegst du knapp daneben.
3. Hier geht es um ein Mädchen namens Marie, das täglich spinnen musste, bis ihm die Finger blutig wurden.
4. Als ihm eines Tages die Spindel in den tiefen Brunnen gefallen war, zwang die böse Stiefmutter Marie, dass sie hinterhersprang.
5. Es ist bekannt, wo sie landen sollte, im idyllischen Reich der Frau Holle, die Marie sogleich in ihre Dienste nahm.
6. Als Marie nach einer gewissen Zeit von Heimweh geplagt wurde, gab ihr Frau Holle die Spindel zurück, zeigte ihr den Weg und überschüttete sie noch mit viel Gold.
7. Wir wissen, dass ihre Stiefschwester vor Neid erblasste.
8. So viel Ruhm und Reichtum stünden auch ihr zu, meinte sie.
9. Getrieben von Gier und dem Wunsch, sich ebensoviel Gold zu holen, machte sie sich auf den Weg dorthin, woher ihre Schwester so reich beschenkt heimgekommen war.
10. Es sollte jedoch ganz anders kommen, als sie dachte, aber ein besonderer Platz in der Märchenwelt ist ihr sicher.
11. Pech gehabt, Marie!

116

1. die Garder**o**be – r**o**bben
2. kr**a**bbeln – gr**a**ben
3. gr**o**b – das H**o**bby
4. schr**u**bben – die Sch**u**bkraft
5. der P**u**dding – der P**u**del
6. die L**a**de – das P**a**ddel
7. der W**i**dder – immer w**ie**der
8. r**e**den – der T**e**ddybär
9. der **A**ffenzirkus – der Schl**a**f
10. die Kar**a**ffe – das Sch**a**f
11. der **O**fen – **o**ffen gesagt
12. das Gefl**ü**gel – fl**ü**gge
13. das Schl**a**gobers – der W**a**ggon
14. der Schm**u**ggler – der Fl**u**g
15. der W**a**lfisch – der Schutzw**a**ll
16. v**o**llständig – das F**o**hlen
17. der Kn**ü**ller – abk**ü**hlen
18. **a**llmählich – die W**a**hl
19. der H**a**mmer – l**a**hm
20. entfl**a**mmen – die D**a**men
21. der R**ie**men – erkl**i**mmen
22. die Teek**a**nne – der H**a**hn
23. beg**i**nnen – der B**ie**nenstock
24. der H**o**nig – sich s**o**nnen
25. die P**a**ppel – J**a**pan
26. p**ie**psen – der T**i**pp
27. die St**o**pptafel – der **O**pel
28. die Zig**a**rre – das H**aa**r
29. die Handelsw**a**re – der Pf**a**rrer
30. verw**i**rren – w**i**r sind froh
31. das W**a**ttenmeer – der K**a**ter
32. der P**a**te – die L**a**tte
33. der L**i**ter – er l**i**tt
34. der R**a**sen – die Hunder**a**sse
35. r**ie**sig – r**i**ssig
36. die Fl**ie**se – befl**i**ssen

117

d/dd

1. ein Teddy zum Knuddeln
2. Meine Waden tun mir weh.
3. weder du noch ich
4. Es hat sich verheddert.
5. Reden wir darüber!
6. wie die Maden im Speck
7. mit dem Schicksal hadern
8. Pudding mit Erdbeersoße
9. Das Buch ist zerfleddert.
10. Widerstand leisten
11. im Sternzeichen Widder sein
12. eine schmuddelige Hose tragen
13. im Sand buddeln
14. Sonnen baden

b/bb

1. ein leises Blubbern hören
2. nicht mit Lob sparen
3. sich am Buffet laben
4. das Geräusch verebbt
5. in den Tag hinein leben
6. das Erdbeben fürchten
7. ein leichtes Kribbeln verspüren
8. auf dem Boden krabbeln
9. altes Brot knabbern
10. ein Rubbellos kaufen
11. Hier rollt der Rubel.
12. schwabbelig aussehen
13. die Raben beobachten
14. etwas vor sich hin brabbeln

f/ff

1. einen Kaffee trinken
2. hoffnungslos verliebt sein
3. jemanden anrufen
4. alles im Griff haben
5. die Reifen wechseln
6. raffiniert sein
7. eine Zigarre paffen
8. den Effekt hervorrufen
9. Der Ofen ist aus.
10. offen gesagt
11. unterm Pantoffel stehen
12. einen Betreff anführen
13. jemandem den Hof machen
14. das Geschwafel nicht ertragen

g/gg

1. täglich eine Runde joggen
2. flügge werden
3. heimlich Ware schmuggeln
4. wie im Flug vergehen
5. Das ist völlig logisch.
6. nur Roggenmehl verwenden
7. die Deutsche Dogge
8. den Ball abschlagen
9. einen Bogen um etwas machen
10. eine Woge an Begeisterung auslösen
11. jemanden betrügen
12. das Zelt belagern
13. eine Grube ausbaggern
14. Es nagt an mir.

l/ll

1. jemandem die Hölle heiß machen
2. frischen Holler pflücken
3. Getränke holen
4. den Baum aushöhlen
5. zum Schlag ausholen
6. Vanillekipferl backen
7. ein Protokoll führen
8. mit Brille lesen
9. der letzte Wille
10. bei Null beginnen
11. aus Schurwolle gestrickt
12. eine Pollenallergie haben
13. in eine Falle tappen
14. ein Aquarellbild malen

m/mm

1. laut trommeln
2. die Situation verschlimmern
3. eine lahme Ente
4. nach Rom fahren
5. sie kamen in Schwierigkeiten
6. leise wimmern
7. das Auto rammen
8. ein Bild rahmen
9. den Zigarettenstummel aufheben
10. vor dem Kamin sitzen
11. das Haar kämmen
12. halbseitig gelähmt
13. die Nummer eins sein
14. den Namen einsetzen

n/nn

1. in der Sonne liegen
2. den Bienenhonig kosten
3. in den Innenhof schauen
4. auf dem Land wohnen
5. ohne Wenn und Aber
6. wenn schon, denn schon
7. wenig Haare haben
8. wahnsinnig werden
9. Ich danke Ihnen.
10. binnen drei Wochen
11. der europäische Binnenmarkt
12. auf eine Sanddüne klettern
13. den Witz schon kennen
14. etwas beschönigen

p/pp

1. die Stopptafel übersehen
2. mit dem Finger tippen
3. unter Dopingverdacht stehen
4. das Gewicht verdoppeln
5. an dem Getränk nippen
6. den Eimer umkippen
7. ein lupenreines Alibi haben
8. mit Puppen spielen
9. die Pupillen erweitern
10. einen knappen Kommentar abgeben
11. die Sternschnuppe beobachten
12. hupen verboten
13. unter den Teppich kehren
14. völlig im Dunkeln tappen

r/rr

1. wirres Zeug reden
2. die Beherrschung verlieren
3. starr vor Angst sein
4. in die Tiefe bohren
5. das Gras wachsen hören
6. jemanden verherrlichen
7. ein knarrendes Geräusch
8. ein herrlicher Tag
9. ziellos herumlaufen
10. berühmt werden
11. das Gurren der Tauben
12. eine haarige Angelegenheit
13. er harrt der Dinge
14. einen Harem haben

t/tt

1. ein Lotterleben führen
2. in der Lotterie gewinnen
3. ein Haus auf Raten zahlen
4. einen Rattenköder auslegen
5. Zimmer, Küche, Kabinett
6. zur Prüfung antreten
7. am Material sparen
8. eine Liegematte mitbringen
9. Wir protestieren!
10. rote Rosen
11. eine Marotte haben
12. in einem Buch blättern
13. im Wasser waten
14. das Vaterunser beten

118

1. Er hat nur die halbe **Miete** bezahlt.
2. Ein **Schnurlostelefon** ist sehr praktisch.
3. Was für ein **herrlicher** Tag!
4. Hast du dich schon wieder **verplappert**?
5. Heute hat Julian seinen Fotoapparat mitgenommen.
6. Die **Videokamera** hat er aber zuhause **gelassen**.
7. Er ist nicht mehr **Herr** der Lage.
8. Sei doch bitte nicht so **starrsinnig**!
9. Würze die Suppe mit Kümmel und Pfeffer!
10. Du solltest dich wirklich **schämen**!
11. Im Urlaub sind wir auf einem **Kamel** geritten.
12. Sie **sabbert** beim Trinken.
13. Er ist ganz schön **raffiniert**.
14. Wir haben frittierte **Maden gegessen**.
15. Diesen **Effekt** wollte ich erzielen.

119

rennen	rannte	gerannt
kennen	kannte	gekannt
können	konnte	gekonnt
jammern	jammerte	gejammert
flimmern	flimmerte	geflimmert
schlummern	schlummerte	geschlummert
verschiffen	verschiffte	verschifft
schaffen	schaffte	geschafft
verpuffen	verpuffte	verpufft
paddeln	paddelte	gepaddelt
schwabbeln	schwabbelte	geschwabbelt
kribbeln	kribbelte	gekribbelt
verheddern	verhedderte	verheddert
knabbern	knabberte	geknabbert
hoffen	hoffte	gehofft
paffen	paffte	gepafft
löffeln	löffelte	gelöffelt
schmuggeln	schmuggelte	geschmuggelt
baggern	baggerte	gebaggert
joggen	joggte	gejoggt
hallen	hallte	gehallt
erfüllen	erfüllte	erfüllt
fällen	fällte	gefällt
harren	harrte	geharrt
starren	starrte	gestarrt
irren	irrte	geirrt

120

Blickkontakt, Rückenpanzer, Eispickel, Sackhüpfen, Dreckschleuder, Speckjause, Ziegenbock, Eckbank, Barhocker

121

schätzen: der Schätzwert, abschätzen, verschätzen, geringschätzig, der Schatz, die Schatzsuche ...
nützen: Benutzung, abnützen, Nutzwert, Nichtsnutz, benützen, nützlich, Nutznießer, Nutztier ...
hetzen: die Hetzkampagne, abhetzen, die Hetzrede, die Hetzjagd, die Hetze, Hetzerei, hetzerisch ...
Platz: Sitzplatz, Platzhirsch, Erstplatzierung, Platzwart, Parkplatz, platzieren, platzen ...

122

glitzern, petzen, hetzen, spitzen, kitzeln, einritzen, patzen, schätzen;
zB:
Er war von ihren glitzernden Augen bezaubert.
Du sollst nicht petzen!
Lass dich von ihm nicht hetzen, mein Schatz!
Vergesst nicht, euch die Bleistift noch zu spitzen.
Nein, kitzeln gilt nicht beim Judo!
Er wollte etwas Poetisches in die Baumrinde einritzen.
Jeder kann einmal patzen.
Ich war noch nie gut im Schätzen.

123

1. die Katzen: die Tatzen, die Fratzen, die Spatzen, patzen ...
2. petzen: hetzen, zerfetzen, verletzen, vernetzen, setzen, wetzen ...
3. spitzen: sitzen, ritzen, schlitzen, erhitzen ...

124

Wörter mit *z*: heizen, das Brezel, die Kapuze, das Malzbier, sich schnäuzen, die Notiz, der Kauz, das Rezept, die Schnauze, duzen, das Indiz
Wörter mit *tz*: brutzeln, hetzen, die Matratze, witzig, verpetzen, schmatzen, letztklassig, der Schmarotzer, das Spatzennest, spritzen, nützen, das Putzmittel
Wörter mit *zz*: die Razzia, die Polizze, das Puzzle, das Mezzanin, der Blizzard, die Pizza, das Intermezzo, der Jazz, der Lipizzaner

125

1. Bei der letzten **Razzia** konnten viele Drogen sichergestellt werden.
2. Hörst du gerne **Jazzmusik**?
3. Deine Nase läuft – du solltest dich **schnäuzen**!
4. Der Hund ist auf die **Schnauze** gefallen.
5. In der Fastenzeit essen wir oft **Brezel**.
6. Die alte **Matratze** ist schon durchgelegen, wir sollten sie auswechseln.
7. Das **Rezept** für den Marillenkuchen habe ich von meiner Mutter bekommen.
8. Ich habe nichts dagegen, wenn wir uns **duzen**.
9. Bei dem **Blizzard** kamen fünf Menschen ums Leben.
10. Am liebsten trage ich meinen blauen Pulli mit der **Kapuze**.
11. Unser Nachbar ist ein komischer **Kauz**.
12. Bei diesen frostigen Temperaturen müssen wir schon im Oktober **heizen**.
13. Er hat mir auf einem kleinen Zettel diese **Notiz** hinterlassen.
14. In Wien haben wir uns die **Lipizzaner** in der Spanischen Hofreitschule angesehen.
15. Die letzte Stunde war wirklich **witzig**.

126

Wörter mit *k*: die Akustik, einhaken, der Spuk, das Funkgerät, der Haken, der Alkohol, die Häkelnadel, das Laken, die Luke, blöken, spuken
Wörter mit *ck*: die Perücke, der Packesel, der Ackerbau, die Spucke, das Backpapier, die Stechmücke, lückenhaft, die Hacke, der Lockenstab, der Minirock, die Attacke, wackelig, die Baracke, prickelnd, spucken
Wörter mit *kk*: das Akkordeon, der Akkusativ, der Mokka, das Sakko, Marokko

127

1. Mein Bruder lernt seit fünf Jahren **Akkordeon** in der Musikschule.
2. Nach der Narkose war er noch **wackelig** auf den Beinen.
3. Hast du das Hemd und das **Sakko** eingepackt?
4. Bei einem Windstoß stellte sich heraus, dass unser Lehrer eine **Perücke** trug.
5. Die Präposition „ohne" verlangt den **Akkusativ**.
6. In diesem Sommer gibt es besonders viele **Stechmücken**.
7. Ziegen meckern und Schafe **blöken**.
8. Es wird erzählt, dass es in diesem Haus **spukt**.
9. Hier muss ich **einhaken** – wie hast du das gemeint?
10. In diesem Raum ist die **Akustik** besonders gut.
11. Nach dem Krieg haben meine Großeltern in einer **Baracke** gewohnt.
12. Deine Ausführungen sind leider sehr **lückenhaft**.
13. Da bleibt einem ja die **Spucke** weg!
14. Mein Vater trinkt morgens ein Tässchen italienischen **Mokka**.
15. Die Menschen leben in dieser Region hauptsächlich von Viehzucht und **Ackerbau**.

128

1. der Sturz, abstürzen, die Sturzgefahr ...
2. ärztlich, verarzten, der Oberarzt ...
3. der Kerzenschein, kerzengerade, das Kerzenlicht ...
4. die Walze, abwälzen, die Druckerwalze ...
5. der Glanz, glänzen, die Glanzleistung ...
6. die Sprungschanze, der Schanzentisch, das Schanzwerk ...
7. die Stärke, bestärkt, die Wäschestärke ...
8. das Schmalzbrot, die Schmalzlocke, das Schweineschmalz ...
9. verwelken, welk ...
10. der Wolkenbruch, bewölkt, das Wolkenmeer ...
11. die Molke, melken, das Molkegetränk ...
12. das Warzenschwein, die Warzenkur ...
13. das Hinkebein, hinterherhinken ...

129

1. Dieser Vergleich **hinkt**.
2. Die Zunge fühlt sich **pelzig** an.
3. Er ist zu Boden **gestürzt**.
4. Konsultieren Sie schnellstens einen **Arzt**!
5. Wo liegen deine **Stärken**?
6. Wir haben eine **Kerze** angezündet.
7. Sie ist über die hohe **Schanze** gesprungen.
8. Eine **Walze** hat alles platt gemacht.
9. Leider sind die Rosen schon **welk**!
10. Ich esse gerne **Schmalzbrot** mit Zwiebeln.
11. Hast du schon einmal ein **Warzenschwein** gesehen?
12. Seit Kurzem schwebt er auf **Wolke** sieben.
13. Danke der Nachfrage, es geht mir **glänzend**!

130

Wörter mit *aa*: die Saat, der Maat, ein paar, das Haar, der Staat, der Saal, der Aal, das Paar, die Waage, das Aas
Wörter mit *ee*: leer, seelisch, die Fee, das Meer, die Orchidee, das Heer, der Jeep, die Armee, das Püree, der Barkeeper, der Tee, der Klee, die Seele, die Allee, das Gelee, das Karree, die Moschee, die Tournee, die Idee, der Schnee, die Beeren, verheerend, der Teer, der Spleen, der Kaffee, die Reederei
Wörter mit *oo*: das Moos, das Boot, das Moor, der Zoo

131

1. zahm, die Zähmung
2. die Fehlstunde, verfehlen
3. die Erwähnung, der Wahn
4. die Drohgebärde, androhen
5. die Fußsohle, die Schuhsohle
6. die Belohnung, der Lohn
7. die Höhle, der Höhlenbär
8. das Sprühgift, versprühen
9. die Ausfahrt, die Fahrstunde
10. berühmt, rühmlich

132

die Wiederholung, das Siegel, die Siegerehrung, der Briefträger, die Blumenwiese, die Demokratie, die Zwiebelsuppe, der Miesmacher, das Riesenrad, die Lieblingsfarbe

133

das Bierglas, die Liedersammlung, der Besenstiel, der Zieleinlauf, das Mienenspiel, die Klaviersonate

134

Infinitiv	Präteritum/Mitvergangenheit	2. Partizip/Mittelwort
vermeiden	vermied	vermieden
anpreisen	pries an	angepriesen
verweisen	verwies	verwiesen
sich herumtreiben	trieb herum	herumgetrieben
schreiben	schrieb	geschrieben
reiben	rieb	gerieben
rieseln	rieselte	gerieselt
sich verlieben	verliebte sich	sich verliebt
sieben	siebte	gesiebt
vermiesen	vermieste	vermiest
aufspießen	spießte auf	aufgespießt
zielen	zielte	gezielt
verbleiben	verblieb	verblieben

135

Infinitiv	Präteritum/Mitvergangenheit	2. Partizip/Mittelwort
verzeihen	verzieh	verziehen
gedeihen	gedieh	gediehen
leihen	lieh	geliehen
wiehern	wieherte	gewiehert

136

1. Der **Viehtrieb** beginnt im Frühling.
2. Das **Wiehern** des Pferdes kann man von Weitem hören.
3. Jannika ist das **Ziehkind** meines Bruders.
4. Kannst du **Ziehharmonika** spielen?
5. Bei der **Erziehung** seiner Söhne ist er sehr streng.
6. Bei diesem Experiment sehen wir, wie die **Fliehkraft** wirkt.
7. **Siehst** du, was du angerichtet hast?
8. Die Frauen und Kinder mussten aus ihren Häusern **fliehen.**
9. Mach die Tür zu, hier **zieht** es!

137

A

1. Er hat sich meinen Anweisungen **widersetzt.**
2. Ich muss die Übungen dreimal täglich **wiederholen.**
3. Sie duldet keinen **Widerspruch.**
4. Kannst du dieses Dokument **wiederherstellen**?
5. Dieser Versuchung solltest du **widerstehen.**
6. Ich möchte die DVD aber morgen **wiederhaben**!
7. Fette Haare finde ich einfach **widerlich**!
8. Susi **erwiderte**, dass sie keine Lust aufs Hausübungmachen habe.
9. Versuchen Sie, den Inhalt des Gesprächs **wiederzugeben**!
10. Er sieht aus, als wäre ihm nichts Gutes **widerfahren.**
11. Der verlorene Schatz ist **wiederaufgetaucht.**
12. Der Durchgang ist bis auf **Widerruf** gestattet.
13. Der Geldbetrag wird Ihnen selbstverständlich **wiedererstattet.**
14. Diese Behauptung kann ich **widerlegen.**
15. Die Arbeit habe ich mit großem **Widerwillen** gemacht.
16. Was ist denn das für ein **widerwärtiger** Geruch?

B

1. Ihm wurden **seelische** Qualen zugefügt.
2. Wer eine reine **Seele** hat, hat nichts zu fürchten.
3. Der Innviertler Bauer wurde **seliggesprochen.**
4. Wir beide sind **seelenverwandt.**
5. Sie muss ihr **seelisches** Gleichgewicht wiederfinden.
6. Er hat sich die **Seele** aus dem Leib geredet.
7. Auf die Prüfung muss ich mich auch **seelisch** vorbereiten.
8. Der Reichtum wird sie nicht **selig machen** (oder: **seligmachen**).
9. Das ist **seelische** Grausamkeit!
10. Du sprichst mir aus der **Seele.**
11. Wir waren mit Leib und **Seele** dabei.
12. Mein Vater und ich sind ein Herz und eine **Seele.**
13. Der Mann auf dem Bild ist mein Opa – Gott hab' ihn **selig**!

138

Nomen	Verb	Adjektiv/Partizip
die Wahl	wählen	ausgewählt
die Kühlung	kühlen	kühl
der Verkehr	verkehren	verkehrt
die Währung	währen	während (= Konjunktion/Präposition)
das Begehren	begehren	begehrt
die Vermählung	vermählen	vermählt
das Gefühl	fühlen	einfühlsam
die Empfehlung	empfehlen	empfohlen
die Versöhnung	versöhnen	versöhnlich
die Mehrzahl	vermehren	mehr
die Ähnlichkeit	ähneln	ähnlich
das Gebäude	bauen	(er)baulich
der Name	---------- (namhaft machen)	nämlich (namentlich)
die Verschwörung	schwören	eingeschworen
die Prägung	prägen	einprägsam
das Lamm	----------	belämmert
die Schnauze	sich schnäuzen	kaltschnäuzig
Blaulicht	einbläuen	blau
die Last	belasten	linkslastig
die Beschwerde	beschweren	schwer
die Norm	normieren	genormt
der Betrug	betrügen	trügerisch

139

Ur-: Urwald, Urgroßvater, (seit) Urzeiten, urbar, Ursprache, Ursendung, Ursprung, ursprünglich, urtümlich ...
her-: herbei, herborgen, heraus, heran, herab, herleiten, Herberge, herein, herrichten, hergeben ...
-bar: wunderbar, vererbbar, waschbar, offenbar, beschreibbar, erlebbar ...
-sal: Scheusal, Schicksal, Trübsal, Labsal, Rinnsal ...
-sam: ratsam, einsam, behutsam, einfühlsam, empfindsam, sparsam ...
-tum: Eigentum, Reichtum, Besitztum, Brauchtum, Volkstum, Heiligtum ...

140

Balsam – Schicksal – Reichtum – seltsam – offenbar – Urwald

141

1. Jetzt bist du dran, jetzt musst du aus den dreien einen **wählen**! **(Wahl)**
2. Dann setzte die Radfahrergruppe mit der **Fähre** über die Donau. **(fahren)**
3. Er ist jetzt **nämlich** auch der Präsident des Fußballvereins. **(Name)**
4. Neben den Erfrierungen traten auch erste **Lähmungserscheinungen** auf. **(lahm)**
5. Ich werde mich bei Gelegenheit noch an dir **rächen**, ich schwör's! **(Rache)**
6. Die Renovierung der Burg war sehr **aufwä/endig**. **(Aufwand** oder **aufwenden!)**
7. Sitz doch nicht so **untätig** herum! **(Untat)**
8. Weißt du nicht, dass man auch das kleinste Getier nicht **quälen** darf? **(Qual)**
9. Der Most ist noch nicht fertig, er **gärt** noch zu stark. **(gar)**
10. Patrick trug stolz das selbstgemachte **Fähnchen** voran. **(Fahne)**
11. **Alljährlich** wird in Salzburg der „Jedermann" für seine Herzlosigkeit bestraft. **(Jahr)**
12. Vor rund 15 000 Jahren begann der Mensch den Wolf zum Hund zu **zähmen.** **(zahm)**
13. Im Hafen sahen wir große Tanker, Schleppboote und unzählige kleine **Kähne.** **(Kahn)**
14. In diesem Wolf fand sie einen treuen **Gefährten.** **(Gefahr)**

142

der Pfahl	die Pfähle	das Bad	die Bäder
der Garten	die Gärten	der Graben	die Gräben
die Wand	die Wände	der Schaden	die Schäden
der Wald	die Wälder	das Lamm	die Lämmer

143

Seele	Tröster	der Seelentröster
Speer	Wurf	der Speerwurf
Armee	Kommando	das Armeekommando
Idee	Schmiede	die Ideenschmiede
Beere	Saft	der Beerensaft
Allee	Baum	der Alleebaum
Leer	Lauf	der Leerlauf
Klee	Blatt	das Kleeblatt
Kaffee	Maschine	die Kaffeemaschine
Lorbeer	Kranz	der Lorbeerkranz
Meer	Küste	die Meeresküste

144

der Gewe**h**rlauf, der Me**h**lsack, das Verke**h**rschaos, eine eisenzeitliche Hütte aus Le**h**m, die Ke**h**le zuschnüren, Se**h**nsucht spüren, die große Ausde**h**nung

145

Räuber	rauben	schäumen	Schaum
Häute	Haut	erläutern	laut
Schläuche	Schlauch	betäuben	taub
Verkäufer	Verkauf (verkaufen)	(ent)täuschen	tauschen
Geräusch	Rausch (rauschen)	säubern	sauber
Bäuerin	Bauer	häufig	Haufen
Fäulnis	faul	geläufig	laufen
Sträußchen	Strauß	äußerlich	außen
Säugling	saugen	Gräuel	Grauen
Träumer	Traum	schnäuzen	Schnauze

146

der Brotl**ai**b, das Tr**ai**ning, die Violins**ai**te, der K**ai**ser, die H**ai**e, das W**ai**senhaus, der M**ai**skolben

147

1. Sie gehört nicht zu **denen**, die gleich den Kopf in den Sand stecken.
2. Komm doch mal kurz **her**!
3. „Es war die Nachtigall und nicht die **Lerche**!"
4. Diese Technik ist nichts für den **Laien**.
5. Das Auge wird durch das **Lid** vor Schmutz und Staub geschützt.
6. Bei einem festlichen **Mahl** ist feierliche Kleidung erwünscht.
7. Du willst immer **mehr**, du bist mit nichts zufrieden!
8. Da brach ihm plötzlich die **Mine** ab!
9. Wir machten gute **Miene** zum bösen Spiel.
10. Dem Hammer fehlt der **Stiel**.
11. Was **wahr** ist, werdet ihr gleich erfahren.
12. Jeder mag auf seine **Weise** glücklich werden!
13. Und mit einem **Mal** verstummte sie.
14. Könnten Sie mir das **leihen**?
15. Wer zuerst kommt, **mahlt** zuerst.
16. Offenbar ist bei dieser Kaffeemühle das **Mahl**werk defekt.
17. **Malt** doch etwas abstrakter!

148

Widerstand, widerlich, Widerstreit, widersinnig, widerspiegeln, anwidern, Ohne Widerrede!
Widerstand ist nie zwecklos.
Sie findet diese Gewaltspiele einfach **widerlich**.
Die Nachbarn lagen im **Widerstreit** hinsichtlich der Parkplätze.
Aber das ist doch **widersinnig**, meine Freunde!
Das **spiegelt** die verzweifelte Lage des Helden **wider**.
Er **widerte** sie mit seiner übertriebenen Höflichkeit nur **an**.
Ohne **Widerrede**! Du bleibst noch da und wir plaudern weiter.

149

1. Zum Neffen meines **Vaters** kann ich Cousin oder **Vetter** sagen.
2. Das Wort „**Vieh**" für Tiere gehört zu den hundert ältesten deutschen Wörtern.
3. Auch das Wort „**Frevel**" für eine Rücksichtslosigkeit oder ein **Verbrechen** ist schon sehr alt.
4. **Vielleicht** geht ihr das auf die **Nerven**?
5. **Vorne** links sind nur 1,5 bar **Luftdruck**!
6. Das **wirft** mich jetzt **völlig** aus dem Gleichgewicht!
7. Du hörtest bestimmt auch **oft** „Du musst jetzt **brav** sein!"
8. Der **Wolf** konnte die Steine so schlecht **verdauen**, daher **versuchte** er beim Brunnen seinen Durst zu löschen.
9. **Gustav** Gans hat immer mehr **Erfolg** als Donald.
10. Julia bereitet ein **Fläschchen** mit **Milchpulver** zu.
11. Leg dir von der **Vollmilchschokolade** einen **Vorrat** an!
12. Sie lieben **volkstümliche** Musik.
13. Wir werden das **Formular vervielfältigen**!
14. Die **Revolution** nahm ihren **Anfang** an den **Universitäten**.
15. **Privatdetektive** leben **gefährlich**.

150

UNG-PHE-PRO-ZEI:	die Prophezeiung	APO-KE-THE:	die Apotheke
PHE-STRO:	die Strophe	THEK-BLIO-BI:	die Bibliothek
UMPH-TRI:	der Triumph	TIK-MA-THE-MA:	die Mathematik
BET-AL-PHA:	das Alphabet	PA-SYM-THIE:	die Sympathie
LO-SO-PHI-PHIE:	die Philosophie	MUS-RHYTH:	der Rhythmus

151

eigen**t**ümlich, ein Abgesand**t**er, die Autowerkstät**t**e, t**h**ematisch

152

das Schild	die Schilder	das Gesicht	die Gesichter
der Grad	die Grade	die Jagd	die Jagden
der Draht	die Drähte	das Gewicht	die Gewichte
das Fahrrad	die Fahrräder	das Amt	die Ämter
das Haupt	die Häupter	das Hemd	die Hemden
der Staat	die Staaten	der Herd	die Herde
der Abend	die Abende	das Augenlid	die Augenlider
der Wind	die Winde	der Freund	die Freunde
die Tugend	die Tugenden	die Saat	die Saaten
die Axt	die Äxte	die Schlucht	die Schluchten

153

freundlich, friedlich, gründlich, handlich, jugendlich, kindlich, ländlich, nördlich, rundlich, stündlich

154

1. Der Filmabend gestern war **todlangweilig**.
2. Wenn Blicke **töten** könnten, müsste ich jetzt um mein Leben fürchten.
3. Der Sportler erlitt durch den Sturz **tödliche** Verletzungen.
4. Im Speisesaal herrschte immer **Totenstille**.
5. Der Spion begab sich mit dieser Mission in absolute **Todesgefahr**.
6. Der schwarze **Tod** war im Mittelalter die Pest.
7. Irgendwie muss man doch die Zeit **totschlagen**!
8. Dieses Nichtstun ist irgendwie **tödlich**.
9. „Der **Tod** und das Mädchen" heißt ein bekanntes Musikstück.
10. Er konnte kein Tier **töten**.
11. Um elf Uhr abends bin ich **todmüde**.
12. Das Tier stellte sich **tot**.
12. Keiner spricht gerne über den **Tod**.

155

1. Die Jugendlichen bummelten des Nachts den Fluss **entlang** und **entledigten** sich des Mülls trotz vorhandener Mistkübel in der Natur.
2. Doch was mussten wir da **entdecken**?
3. Lass dich nicht durch die anderen **entmutigen**!
4. Unsere Gruppe kam in die **Endausscheidung** des Schulband-Wettbewerbs.
5. Das ist jetzt **endgültig** die letzte Nummer, die wir heute spielen.
6. Wann kommst du **endlich** nach Hause?
7. Wir bekommen **laufend** frische Fische geliefert.
8. Das ist jetzt **eigentlich** nicht das Thema!
9. Wir müssen auf jeden Fall eine **Entscheidung** herbeiführen.

156

allerdin**g**s, e**x**plodieren, der Fu**chs**, das Le**x**ikon, die Pra**x**is

157

versinken	du versinkst	sagen	du sagst
liegen	du liegst	tragen	du trägst
wiegen	du wiegst	geben	du gibst
lügen	du lügst	trinken	du trinkst
winken	du winkst	legen	du legst

158

1. Ihr **seid** mir ja die Richtigen!
2. **Seid** ihr die Heiligen Drei Könige?
3. **Seit** wir uns das letzte Mal gesehen haben, sind Jahre vergangen.
4. **Seit** diesem Tag wohne ich hier alleine.
5. **Seid** ihr auch noch so nett, wir trauen euch nicht!
6. Ihr fahrt nach Italien auf Urlaub, **seit** ich mich erinnern kann.
7. **Seit** die Stadt fahrlässige Hundehalter bestraft, sind wieder weniger Häufchen auf dem Spielplatz zu finden.
8. **Seid** nur misstrauisch und vorsichtig, ihr habt allen Grund dazu!

159

1. Die Menschen mussten damals in den **Fabriken** bis zu 15 Stunden arbeiten.
2. **Operation** gelungen, Patient tot!
3. Es war ein gewisse **Nervosität** im Publikum zu spüren.
4. Von Anfang an war da eine **Sympathie** zwischen den beiden.
5. Die Idee mit der Fahrrad-Drive-In ist wirklich **kolossal**!
6. Die beiden Geraden sind **parallel** zur x-Achse.
7. Immer schön im **Rhythmus** bleiben, meine Damen und Herren!
8. Mit über 35 000 Zuschauern ist das **Stadion** heute ausverkauft.
9. Bei der **Lektüre** der Betriebsanleitung kam er ins Stutzen.
10. Die **Lebensmittelanalyse** des Hamburgers brachte Spuren von Reifengummi zutage.

160

1. Souvenirs aus Italien
2. ein Wildragout
3. ein hohes Niveau
4. Touristenfalle
5. meine Cousine Rachel
6. das Palais Schwarzenberg
7. der Champagner
8. sich auf sicheres Terrain begeben
9. Jagdsaison eröffnet!
10. eng um die Taille
11. die Kehrseite der Medaille
12. der Gartenpavillon
13. die Montage
14. brillante Ideen
15. der Herr Ingenieur
16. sich mit etwas arrangieren
17. auf der 5. Etappe
18. ein blinder Passagier aus schwierigem Milieu
19. ein Reservoir
20. das Design
21. das Dessert
22. das Fast-Food-Restaurant
23. im gemütlichen Fauteuil sitzen
24. ein charmanter Mensch
25. sich für etwas engagieren
26. eine Zeitungsannonce aufgeben
27. der Journalist
28. das Rendezvous

161

das Baby	die Babys	der Atlas	die Atlanten (oder: Atlasse)
das Hobby	die Hobbys	das Konto	die Konten (oder: Kontos, Konti)
die Rallye	die Rallyes	das Risiko	die Risken (oder: Risken, Risiken, Risikos)
der Test	die Tests	die Lady	die Ladys
das Billett	die Billets	der Radius	die Radien
der Rhythmus	die Rhythmen	die Story	die Storys

162

1. die Montage
2. die Jalousie
3. die Jury
4. die Loge
5. der Ingenieur
6. die Garage
7. die Charge
8. die Spionage
9. die Etage
10. das Genie
11. die Bandage
12. der Journalismus
13. der Charme

163

1. Airconditioning/Air-Conditioning
2. Sciencefiction/Science-Fiction
3. Midlifecrisis/Midlife-Crisis
4. Longdrink/~~Long-drink~~
5. Hotspot/Hot Spot
6. Hotdog/Hot Dog
7. Highlife/~~High-life~~
8. High Society/~~Highsociety~~
9. Top Ten/~~Topten~~
10. Mountainbike/Mountain-Bike
11. Cheeseburger/~~Cheese-Burger~~
12. Softdrink/Soft Drink
13. ~~Hard Ware~~/Hardware
14. ~~Blue Jeans~~/Bluejeans

164

1. der Count-down/der Countdown
2. ~~das Drivein-Restaurant~~/das Drive-in-Restaurant
3. das Make-up/~~das Makeup~~
4. das Making-of /~~das Makingof~~
5. das Sit-in/~~das Sitin~~
6. das Come-Back/das Comeback
7. das Knock-out/das Knockout
8. das Stand-by/das Standby
9. das Give-away/~~das Giveaway~~
10. das Coming-out/das Comingout
11. der Drop-out/der Dropout
12. ~~das Managementbuyout~~/das Management-Buy-out

165

1. In Zeiten moderner Technologien ist die **Stenografie** (**Stenographie**) bedeutungslos.
2. Du musst das **Mikrofon** (**Mikrophon**) knapp unter den Mund halten!
3. Die Prager Schule der **Photographie** (**Fotografie**!) ist weltberühmt.
4. Die grafische (**graphische**) Gestaltung des Buches ist äußerst ansprechend.
5. Dies ist ein Übungsbuch für die deutsche **Orthografie** (**Orthographie**).
6. Blumen leisten durch die **Fotosynthese** (**Photosynthese**) einen wichtigen Beitrag.
7. In vielen Krimis kommen **Graphologen** (**Grafologen**) vor.
8. Die **Phonetik** (**Fonetik**) ist die Wissenschaft von der Lautbildung.

166

1. Flipper war einer. Sie gehören zu den klügsten Tieren: Ich meine **Delfine** (Delphine).
2. Die Vermehrung der Bakterien beruht auf dem Gesetz **exponentiellen** Wachstums.
3. Wir haben es mit mehreren **potentiellen** (potenziellen) Tätern zu tun.
4. Das ist aber eine **existentiell** (existenziell) wichtige Frage für die Bevölkerung!
5. Er sieht hier das **Potential** (Potenzial) für einen wichtigen neuen Absatzmarkt.

167

1. ein Terminkalender
2. ein Autorennen
3. ein Getriebefehler
4. die Krokodilstränen
5. ein Computernetzwerk
6. ein Schuldgeständnis
7. ein Diskettenlaufwerk

168

Bau-	Spiel	der Bautechniker
Hör-	Zeit	das Hörgerät
Hüpf-	Band	die Hüpfburg
Kauf-	Duell	der Kaufmann
Lauf-	Gerät	das Laufband
Liege-	Mann	das Liegetuch
Reiß-	Techniker	der Reißverschluss
Schrei-	Verschluss	das Schreiduell
Sing-	Tuch	das Singspiel
Stoß-	Burg	die Stoßzeit

169

1. es sich auf der Couch gemütlich machen
2. zwei Wochen bergsteigen in Südtirol
3. den Abwasch alleine machen
4. mit dem Hund spazieren gehen
5. nur nicht die Nerven verlieren
6. noch immer im Dunkeln tappen
7. im Winter eislaufen gehen
8. jemandem den Kopf verdrehen
9. schmutzige Wäsche waschen
10. einen großen Fisch am Haken haben
11. an den Feierlichkeiten teilnehmen
12. etwas auf die leichte Schulter nehmen

170

1. Das ist eine weiter geschnittene/~~weitergeschnittene~~ Hose
2. Diese Schokocreme schmeckt wirklich verführerisch leicht/~~verführerischleicht~~.
3. Die Kamera macht gestochen scharfe/~~gestochenscharfe~~ Fotos.
4. Er gewann ~~acht ein halb~~/achteinhalb Tausend Euro.
5. Die ~~teil nehmenden~~/teilnehmenden Nationen marschieren nun ein.
6. Musst du dich davor fürchten/~~davorfürchten~~?
7. In einer eisig kalten/~~eisigkalten~~ Novembernacht spielt die Schlussszene.
8. Du hältst dich wohl für ~~super klug~~/superklug?
9. Ich habe den Hund doch bloß gestreichelt/~~bloßgestreichelt~~!
10. Kannst du mir das ins Deutsche ~~über setzen~~/übersetzen?
11. Musst du dich denn bei jeder Sache ~~quer legen~~/querlegen?
12. Diese Nummer muss mit der Typennummer in den Papieren ~~überein stimmen~~/übereinstimmen.
13. Bei einem Referat solltet ihr möglichst frei sprechen/~~freisprechen~~.
14. Mit dieser Aktion konnte er den ganzen Verkehr ~~lahm legen~~/lahmlegen.
15. Nicht ~~davon laufen~~/davonlaufen!

16. Nach dem/~~Nachdem~~ heißen Sommer kam ein schöner Herbst.
17. Du darfst jetzt nicht ~~herein kommen~~/hereinkommen!
18. Das sind ja drei Millionen/~~dreimillionen~~ Euro!
19. Es wird bestimmt wieder ~~aufwärts gehen~~/aufwärtsgehen mit der Firma!
20. Ich muss in dieser Sache etwas ~~richtig stellen~~/richtigstellen.
21. Den Satzanfang musst du immer ~~groß schreiben~~/großschreiben!
22. Wir wollten aufwärts gehen/~~aufwärtsgehen~~, nicht fahren.
23. Lasst uns jetzt zum Ende/~~zumende~~ kommen!
24. vor allem/~~vorallem~~

171

1. Ich kenne diese Dame, die Cello spielt.
Ich kenne diese **Cello spielende** (oder: cellospielende) Dame.
2. Du wärest gerne eine Künstlerin, die Bilder malt.
Du wärest eine **Bilder malende** (oder: bildermalende) Künstlerin.
3. Sie mag den Jungen, weil er nur Spanisch spricht.
Sie mag diesen **Spanisch sprechenden** (oder: spanischsprechenden) Jungen.
4. Darunter sind keine Substanzen, die Krebs erregen.
Darunter sind keine **Krebs erregenden** (oder: krebserregenden) Substanzen.
5. Die Kunden, die Probe fahren, sind schon unterwegs.
Die **Probe fahrenden** (oder: probefahrenden) Kunden sind schon unterwegs.
6. Der Prinz, der Ski fährt, ist der englische Thronfolger.
Der **Ski fahrende** (oder: skifahrende) Prinz ist der englische Thronfolger.
7. Einen Automaten, der Brot bäckt, hat nicht jeder.
Einen **Brot backenden** (oder: brotbackenden) Automaten hat nicht jeder.
8. Ein Autor, eine Autorin ist ein Mensch, der Bücher schreibt.
Ein Autor, eine Autorin ist ein **Bücher schreibender** (oder: bücherschreibender) Mensch.

172

1. Die ganze Welt kann kopfstehen.
2. Das wird dir leidtun!
3. Im Stadion soll ein gutes Spiel stattfinden.
4. Er kann sein Geheimnis nicht preisgeben.
5. Das wird einer Prüfung nicht standhalten.
6. Alle wollen an der Spielrunde teilnehmen.
7. Hier wird schnelle Hilfe nottun.
8. Der Richter kann dem Einspruch stattgeben.
9. Ich werde für dich da sein.
10. Ihr dürft nicht bei jeder Sache dagegen sein.

173

1. die allein erziehende/alleinerziehende Mutter
2. der verloren gegangene/verlorengegangene Schlüssel
3. das Furcht erregende/furchterregende Unwetter
4. dein Mitleid erregender/mitleiderregender Blick
5. eine Socken strickende/sockenstrickende Oma
6. eine Erfolg versprechende/erfolgversprechende Taktik
7. die Erdöl fördernde/erdölfördernde Industrie
8. auf die Autos Acht geben/achtgeben
9. vor absolut nichts Halt machen/haltmachen
10. beim Essen und Trinken Maß halten/maßhalten
11. die zu Grunde/zugrunde liegende Frage
12. eine Aufsehen erregende/aufsehenerregende Story
13. der Aufsicht führende/aufsichtführende Kollege
14. das Schmutz abweisende/schmutzabweisende Material
15. die Leben spendende/lebenspendende Kraft

174

1. Das Besprayen von Hauswänden scheint in den Städten **überhandzunehmen**.
2. Der Umbau des Geschäftslokals **ging** ganz nach Plan **vonstatten**.
3. Du willst deine Bio-Produkte selbst auf dem Markt **feilbieten**?
4. Es ist jetzt zwei Uhr früh. Lasst uns **heimgehen**!
5. Persönliche Wünsche sollte man bei diesem Projekt **hintanstellen**.
6. Ihr werdet mit dieser Schlafstätte **vorliebnehmen** müssen!
7. Du wirst mir doch nicht **weismachen** wollen, dass du davon nichts wusstest?
8. Uns **wurde** im Jahre 2000 mit der Geburt unseres Nikolaus eine große Freude **zuteil**.
9. Folgt mir! Wir wollen diese Neuigkeit allen **kundtun**!
10. Mit mehr Bewegung und Sport **geht** meist auch eine bessere Gesundheit **einher**.
11. Irgendwie ist mir das Buch **abhandengekommen**. Tut mir echt leid!
12. Wir sind **übereingekommen**, dass wir uns die Reparaturkosten teilen werden.

175

1. Das hättest du uns aber **vorher sagen** müssen! Jetzt ist es zu spät!
2. Wenn er Glück hat, wird er mit geringer Strafe **davonkommen**.
3. Auf diesem alten Nagel wird das wohl nicht **hängen bleiben**!
4. Nur wenn man regelmäßig übt, kann auf Dauer etwas **hängenbleiben** (**hängen bleiben**).
5. Sie haben uns wie eine kalte Kartoffel **fallenlassen/fallen lassen**.
6. Ihr werdet mich alle noch **kennenlernen/kennen lernen**. Das schwöre ich euch!
7. „Aber wir müssen uns doch zuerst **kennenlernen/kennen lernen**", meinte sie darauf.
8. Ich möchte bei der Feier die Schüchternen und die Profis **zusammensetzen**.
9. Du kannst nicht **dabei sitzen**, du musst im Stehen arbeiten.
10. Muss denn deine Mutter immer **dabeisitzen**, wenn wir zu zweit sind?
11. Den Anfangsbuchstaben musst du immer **großschreiben**.
12. Du solltest „Haus zu verpachten" wirklich **groß schreiben**!
13. Bei uns wird Service immer **großgeschrieben**.
14. Ich kann dich nicht vom Vorwurf der Schlampigkeit **freisprechen**.

176

1. Du kannst doch nicht bei allem, was ich vorschlage, **dagegen sein**!
2. Tut mir leid, da kann ich nicht **dafür sein**!
3. Bei kranken Menschen ist es oft wichtig, wenn man **da ist** und ihnen Zuwendung schenkt.
4. Der Regenschirm müsste doch **hier sein**!
5. Du wurdest disqualifiziert, weil du dreimal unentschuldigt **weg warst**.
6. Er wollte unbedingt mit der Liebsten **zusammen sein**.
7. Sobald es **heraus war**, dass sie ein Kind bekommen sollten, freuten sich alle sehr.

177

1. Im achten Monat fällt der Schwangeren das **Stiegensteigen** schon schwer.
2. Beim **Autofahren** ist es töricht, ohne Freisprecheinrichtung zu telefonieren.
3. Ich habe mir letztens beim **Gitarrespielen** den Nagel abgebrochen.
4. Diesen Winter ist Ivo nie zum **Eislaufen** gekommen.
5. Manchmal träumt Marie vom **Spazierengehen** mit ihrem Hund.
6. Im **Schachspielen** ist Nikolaus ein wahres Talent.
7. Statt **Rollschuhlaufen** fährt man heute mit den Inlineskates.
8. Du bist im **Tangotanzen** einfach perfekt.
9. Der Kleine verkriecht sich beim **Versteckenspielen** immer in der Gartenhütte.
10. Du sollst beim **Gulaschessen** nicht reden!
11. Beim **Hausübungmachen** lässt sie sich von niemandem stören.
12. Durch **Radfahren** trainierst du deine Bein- und Rückenmuskulatur.

178

1. Du musst für das Gulasch die Zwiebeln noch kleiner schneiden/~~kleinerschneiden~~.
2. Ich muss jetzt nur noch das Fleisch klein schneiden/kleinschneiden und dann ab in den Topf.
3. Er will sich nie die Hände schmutzig machen/~~schmutzigmachen~~.
4. Nimm nun ein glatt gehobeltes/glattgehobeltes Brett und schneide es auf diese Maße zu.
5. Sie hat ihm jedes Mal – auch spät in der Nacht noch – das Essen warm gemacht/warmgemacht.
6. Du musst die Staubkappen abnehmen und das Fernglas scharf einstellen/~~scharfeinstellen~~.
7. Mit Hilfe dieses komplizierten Mechanismus kann das Tier seine Augen scharf stellen/scharfstellen.
8. Aber, du kannst doch dein Haus nicht violett streichen/violettstreichen.
9. Den hellblau gefärbten/~~hellblaugefärbten~~ Pulli mag sie nicht.
10. Da sah er den leer gegessenen/leergegessenen Teller und wusste, dass der Bub ihm vertraute.

179

1. hell + blau	die hellblauen Augen
2. dunkel + blond	das dunkelblonde Haar
3. süß + sauer	die süßsaure Sauce
4. taub + stumm	die taubstumme Frau
5. früh + reif	das frühreife Mädchen
6. halb + hoch	der halbhohe Zaun
7. dick + häutig	der dickhäutige Elefant
8. nass + kalt	das nasskalte Wetter
9. tief + traurig	das tieftraurige Kind
10. neu + modern	die neumoderne Musik

180

leblos	**denk**faul	**blick**dicht
wissbegierig	**reiz**voll	**bau**fertig
redegewandt	**lauf**freudig	**streich**fähig
kratzfest	**reise**lustig	**ess**süchtig

181

1. ein strahlenverseuchtes Gebiet
2. eine erfolgsverwöhnte Sängerin
3. eine mondbeschienene Waldwiese
4. eine nervenzerreißende Spannung
5. ein angsterfüllter Detektiv
6. ein lichtdurchflutetes Zimmer
7. eine pickelübersäte Haut
8. eine mundgeblasene Glasvase
9. ein fischreiches Gewässer
10. ein Paar handgestrickte Socken
11. ein ohrenbetäubender Krach
12. die sagenumwobene Burg
13. die schneebedeckten Gipfel
14. die kopfschüttelnde Zuschauerin
15. die milieubedingte Armut
16. die todbringende Krankheit
17. das durstlöschende Getränk
18. die sorgengeplagte Bäuerin

182

1. Das wird erst morgen geliefert, **soviel** ich weiß.
   So viele Lego-Männchen auf einmal hast du noch nie gesehen!
2. **Sobald** ich Erdbeeren esse, bekomme ich einen Hautausschlag.
   Kann mich nicht erinnern, dich schon einmal **so bald** zu Hause gesehen zu haben.
3. Das wird nicht geschehen, **solange** ich hier etwas zu sagen habe!
   Ich glaube, du solltest nicht **so lange** von zuhause fernbleiben.
4. **Soweit** ich weiß, wird diese Anlage mit Solarstrom betrieben.
   Dieser Athlet sprang fast **so weit** wie ein Känguru.

183

1. Wie viele Murmeln hast du in deiner Rechten?
2. Wir haben noch vieles zu tun, packen wir es an!
3. Wie lange willst du unsere Geduld noch missbrauchen?
4. Das ist mir alles viel zu kindisch!
5. Die ganze Sache wird ihm jetzt ein wenig zu heiß.
6. Bis wie weit bist du bereit zu gehen?

184

Nachdem du gestern gegangen warst, plünderte ich noch den Kühlschrank, **in dem** ich allerlei Wurst, Käse und andere Leckereien fand. **Nach dem** Abendfilm hatte ich bereits so viel verdrückt, dass sich erste Übelbeschwerden zeigten. **Seit dem** Geburtstagsessen bei Tante Josephine war mein Bauch nicht mehr so prall gefüllt gewesen. **Indem** ich mir auch noch die Süßigkeitsvorräte vornahm, streckte ich meinen Körper und damit mich selbst völlig nieder. **Seitdem** sind 48 Stunden vergangen und ich habe noch immer kein Hungergefühl!

185

1. **Irgendwem** wird dieses Fahrrad abgehen.
2. Aber **irgendwo** muss doch der Reisepass sein!
3. Er kommt mir heute **irgendwie** zerstreut vor.
4. Es funktioniert nicht, wenn man hier **irgendeine** Münze hineinsteckt.
5. „**Irgendwann** kaufe ich mir einmal einen Riesentraktor!", meinte der kleine Julian zu seinem Opa.
6. Ich denke schon, dass das **irgendetwas** bewirkt bei den Verantwortlichen.
7. Sie sprach nur **irgendwelch** dummes Zeug von Ufos.
8. „**Irgendwo, irgendwann** werden wir uns lieben!", singen die zwei am Ende des Stücks.

186

1. Der Böse musste in der Wüste elend zu Grunde/zugrunde gehen.
2. Auf Grund/Aufgrund intensiver Recherchen konnte der Besitzer des Fahrzeuges ausfindig gemacht werden.
3. Das kannst du dann von zu Hause/zuhause aus erledigen!
4. Tante Susanne wollte uns nicht zur Last/~~zurlast~~ fallen.
5. An Stelle/Anstelle großer Worte sind jetzt Taten gefragt.
6. Dieses sein Verhalten kennst du zur Genüge/~~zurgenüge~~.
7. Die Crew rettete sich mit Hilfe/mithilfe der Rettungsinseln.
8. Ich sehe mich völlig außer Stande/außerstande, dir hierbei helfen zu können.
9. Damit sind Sie auch im Falle/~~imfalle~~ eines Einbruchs optimal versichert!
10. Wie mag ihr jetzt wohl zu Mute/zumute sein?
11. Wir möchten lieber zu Fuß/~~zufuß~~ nach Hause aufbrechen.
12. Bist du denn völlig von Sinnen/~~vonsinnen~~?
13. Der Baum ist so groß/~~sogroß~~, dass er mit seinem Blattwerk den Balkon beschirmt.
14. Das Angebot war günstig, so dass/sodass ich es kaufen musste.

187

Ach-tel, Drit-tel, El-tern, Fens-ter, gars-tig, Hop-fen, Karp-fen, leug-nen, Kas-ten, mod-rig, ros-ten, Schim-mel, schimp-fen, schlüpf-rig, sin-gen, sin-ken, sit-zen

188

Ab-stand, außer-ge-wöhn-lich, Eier-be-cher, End-sta-ti-on, ent-setz-lich, Fahr-rad-stän-der, Gar-ten-tram-po-lin, Ho-sen-trä-ger, Inns-bruck, Kühl-schrank, Mon-tag, Neu-bau, Ver-gnü-gen, zeit-gleich

189

Ba-cke, Bü-cher, De-ckel, Du-sche, fla-ckern, ga-ckern, ki-cken, Kö-cher, krie-chen, la-chen, La-cke, Ler-che, ma-chen, Ma-sche, me-ckern, ne-cken, pri-ckeln, Sa-chen, Sä-cke, tro-cken, wa-schen, Zu-cker

190

ab-surd, Chi-rurg (oder: Chir-urg), El-lip-se, ex-trem, Goe-the, Hek-tar (oder: Hekt-ar), Hy-drant (oder: Hyd-rant), In-di-vi-du-a-list (oder: In-di-vi-dua-list), in-te-res-sant (oder: in-ter-es-sant), Kon-ti-nent, Pä-da-go-gik (oder: Päd-a-go-gik), Psy-cho-lo-gie, Pub-li-kum (oder: Pu-bli-kum), Re-mi-nis-zenz, Transfer, Sa-phir, Ste-phan, Zyk-lus

191

Cas-ting, Board, Break-dance, Busi-ness, Cheese-bur-ger, Col-lege, Drive, Fea-ture, File-share, Fun-bike, Game-boy, In-line-skate, Life-style, live, Rave, Perfor-mance, Soft-ware, Up-date, Web-site

192

1. Trotz ihres tollen Gesangs kam sie über das erste **Casting** nicht hinaus.
2. Die gesamte **Performance** auf der Bühne hat mir sehr gut gefallen.
3. Und das wird direkt aus dem Wembley-Stadion, also **live** übertragen?
4. Ich werde nicht **Business**-Class fliegen, sondern billigere Tickets kaufen.
5. Nach fünf Jahren muss sie ihrem Computer wieder ein **Update** verpassen.

193

Silbensalat	Zusammensetzung	Bestandteile
KÖR-HIM-PER-MELS	der Himmelskörper	der Himmel + der Körper
FIN-FER-TIG-GER-KEIT	die Fingerfertigkeit	der Finger + fertig + keit
STOFF-LE-FÜL	die Stofffülle	der Stoff + die Fülle
ZU-BÄ-CKER-CKER	der Zuckerbäcker	der Zucker + der Bäcker
SON-EN-NEN-STRAHL	die Sonnenstrahlen	die Sonnen + die Strahlen
AKUS-TIK-BLEM-PRO	das Akustikproblem	die Akustik + das Problem
APO-KER-THE-MER-KAM	die Apothekerkammer	der Apotheker + die Kammer
PHOS-GE-PHOR-HALT	der Phosphorgehalt	der Phosphor + der Gehalt
SCHU-LE-TO-RIK-RHE	die Rhetorikschule	die Rhetorik + die Schule
RHEU-SAL-MA-BE	die Rheumasalbe	das Rheuma + die Salbe
PHA-RU-HE-SE	die Ruhephase	die Ruhe + die Phase
LI-AT-VE-MOS-PHÄ-RE	die Liveatmosphäre	live + die Atmosphäre
TEN-KLEI-KAS-DER	der Kleiderkasten	die Kleider + der Kasten

194

Milch-er-trag, in-to-le-rant, Ge-spräch, Berg-ahorn, Auf-trags-ar-beit, Agen-da, Über-al-te-rung

9. Auflage 2019

ISBN 978-3-7058-7821-1

10. Das wei......e Kleid steht dir wirklich gut!

11. Mein Opa ist ein wei......er Mann.

12. Der Nikolaus trägt einen wei......en Bart.

13. Genie...... deinen Urlaub!

14. Wenn ich Heuschnupfen habe, muss ich dauernd nie......en.

15. Meine Schwester saß auf meinem Scho.......

16. Das Opfer wurde durch eine Überdo......is vergiftet.

17. Einen Lebensmittelhändler nennt man in Österreich auch „Grei......ler".

18. Sehr alte Menschen werden auch als Grei......e bezeichnet.

19. Ich werde morgen mit dem ersten Zug abrei......en.

20. Die Firma wollte das alte Haus abrei......en.

76 Übertrage die Wörter aus Übung 75 in die Tabelle. Stelle vor Nomen jeweils den Artikel!

s	ß
eine Geisel nehmen	*die Geißlein*

77 Schwierige s-Wörter: Setze richtig ein!

1. Zu Weihnachten e......en wir zuhau......e mei......tens viele Delikate......en.

2. Wir haben beschlo......en, den scheu......lichen Geruch des Mi......thaufen...... zu ignorieren.

3. Der Bo...... verri...... das Lenkrad, um dem rie......igen Kaninchen auszuweichen.

4. Nachdem ich mich über den Haselnu......trauch gebeugt hatte, mu......te ich heftig nie......en.

5. Sarah verga......, da...... sie die Tomatenso......e aufwärmen mu......te.

6. Soll ich dir etwas Gru......elige...... erzählen?

7. Es ist mir ein Rät......el, warum du au......gerechnet Heringsschmau...... nicht mag......t.

8. „Ha......t du vielleicht ein bi......chen Kleingeld?", fragte mich der Obdachlo......e.

9. Er lie......t vorzug......wei......e Krimi......; auch Gru......elfilme sind für ihn ein Genu.......

10. Nach diesem furchteinflö......enden Ereigni...... geno......en wir eine Ta......e warmen Tee vor un......erem Kamin.

11. Die mei......ten Menschen sind sehr leicht beeinflu......bar.

12. Meine Mutter geht be......onder...... gern im Jänner einkaufen, denn da ist Au......verkauf und es gibt viele Prei......nachlä......e.

13. Er legte ein Geständni...... ab und mu......te wider Erwarten nicht ins Gefängni......, sondern kam mit einer Geldbu......e davon.

14. Das Bier flo...... in Strömen aus dem Fa...... und die Mu......ik spielte laut.

15. Wir wanderten ein Stück flu......aufwärt......, bis wir auf eine Affenfamilie stie......en.

16. „Du wei......t, da...... ich deine Gewi......enhaftigkeit äu......er......t schätze", sagte er, „aber ich finde, du mach......t dir manchmal auch zu viel Stre......!"

17. Im Seme......ter hatte ich zwei Genügend im Zeugni......, aber bis zum Jahre......ende möchte ich meine Noten verbe......ern.

18. Au......er meiner Freundin und mir war um diese Zeit niemand mehr drau......en, denn es war schon seit Stunden fin......ter und au......erdem ei......kalt.

19. Meine Stärken sind, da...... ich pflichtbewu......t, zuverlä......ig, flei......ig und selbstbewu......t bin.

20. Wu......test du, da...... man sich nicht wei...... kleiden soll, wenn man zu einer Hochzeit geht? – Ja, au......er man ist selbst die Braut!

2 s-Schreibung bei Verben

EINFACH KOMPAKT

- Wenn der **Infinitiv**/die Nennform eines Verbs/Zeitworts mit einfachem s zu schreiben ist, werden auch alle anderen Personalformen und die Nomen/Substantive, die davon abgeleitet sind, nur mit einfachem s geschrieben:
  lesen – las – gelesen; rasen – raste – gerast (= **Stammprinzip**)
- Innerhalb der Zeitformen kann es zu **unterschiedlicher Schreibung** kommen, wenn sich die Länge des vorhergehenden Vokals **ändert**, zB *genie**ß**en – geno**ss** – geno**ss**en, la**ss**en – lie**ß** – gela**ss**en.*
- Endet der **Verbstamm auf einen s-Laut** (s/ss/ß/tz/z), entfällt das s der 2. Person:
  du knipst, du lässt, du schwitzt
- Ein **s-Laut vor** einem **t** wird meist als **st geschrieben**, außer der Verbalstamm endet auf **-ss:** *fasst, küsst* oder der Stamm endet auf **-ß**, dann lautet die 3. Ps. Sg. **-ßt:** *heißt, reißt.*

78 Setze die fehlenden Stammformen ein.

reißen		
	hasste	
		gegossen
meißeln		
	biss	
		gehisst
heißen		
	floss	
beweisen		
		geschmissen
küssen		
	reiste	
		gewusst
verpassen		
		gelesen
verdrießen		
	rieselte	
		vergessen
fressen		
		genossen
	stieß	
messen		
	presste	
		geprasselt
grausen		
	vermieste	
niesen		
		geblasen
brausen		
	vermisste	
		verfliest

79 Vervollständige die Sätze mit den passenden Verben. (Achte auch auf die richtige Zeit!)

lesen – prasseln – rieseln – vermiesen – wissen – grausen – verpassen – vermissen – reißen – stoßen – essen – zusammenpressen – vergessen – verdrießen – beweisen – messen – verfliesen

1. Leise .... der Schnee ...
2. Der Regen ist an mein Fenster ....
3. Mich hat vor dem Braten so ...., dass ich ihn nicht .... konnte.
4. Ich komme zu spät, weil ich den Bus .... habe.
5. .... mir, dass du mich wirklich liebst!
6. Du warst lange weg und ich habe dich schrecklich ....!
7. Mein Vater hat unser Bad neu ....
8. Hast du etwa nicht ...., dass sie zusammen sind?
9. Mit deinen unappetitlichen Geschichten hast du mir das Essen ....
10. Mir ist der Faden ....
11. Er hat mich absichtlich zu Boden ....!
12. Damit der Kleber hält, muss man die beiden Teile ....
13. Ich werde dich an deinen Taten ....!
14. Ich hoffe, du hast nicht ...., dass wir für heute verabredet sind!
15. Wir lassen uns trotz des Regens das Campen nicht ....
16. Sabine .... die ganze Reise hindurch in ihrem Buch.

80 Trage alle sinnvollen Verbzusammensetzungen in die Tabelle ein. Kombiniere mit den unten angeführten Infinitiven.

los-	heraus-	aus-
binden, stellen, legen, reißen, gehen, laufen, geben, machen		

3 s-Schreibung bei Nomen

EINFACH KOMPAKT — **s-Schreibung bei Nomen**

- Wörter mit den Endsilben ***-is, -us, -as, -nis*** haben im Plural/in der Mehrzahl **ss**, werden also zu ***-isse, -usse, -asse, -nisse***: *das Verzeichnis – die Verzeich**nisse**, der Bus – die Bu**sse***
- Besonders schwierige Wörter mit **ss** sind folgende. Präge sie dir gut ein: *Fa**ss**ade, Insa**ss**e, Karu**ss**ell, Ka**ss**ette, pa**ss**ieren*

81 Welche Wörter sind gemeint? Ordne den Silbensalat und bilde den Plural der Wörter!

Beispiel: *nis-lob-ge: das Gelöbnis* ► *die Gelöbnisse*

1. der-hin-nis: das .... – ....
2. bus-se-rei: der .... – ....
3. bis-kür-se-spei: der .... – ....
4. eig-er-nis: das .... – ....
5. nis-leb-er: das .... – ....
6. kennt-be-nis: das .... – ....
7. ver-nis-hält: das .... – ....
8. kus-der-zir-wan: der .... – ....

4 s-Schreibung bei Adjektiven

EINFACH KOMPAKT

- Bei den **Adjektiven**/Eigenschaftswörtern gilt das Prinzip, dass ein gleicher Stamm auch gleiche Schreibung bedeutet: Alle Wörter einer Wortfamilie werden also mit einem s geschrieben, wenn auch das zugrundeliegende Verb/Nomen mit einem s geschrieben wird (= **Stammprinzip**): *lesen – lesbar, kosten – köstlich*
- Bei ss/ß kann infolge **Änderung der Vokallänge** ein **Wechsel** erfolgen: *messen – unermesslich*, aber *maßvoll; genießen – genießbar*, aber *genüsslich*

82 Bilde aus den gegebenen Wörtern zusammengesetzte Adjektive! Setze den s-Laut richtig ein.

Abschlu....../reif: *abschlussreif*

Kompromi....../bereit: ....

Aufschlu....../reich: ....

Gu....../ei......ern: ....

Lu......t/betont: ....

Ha....../erfüllt: ....

Ro......t/frei: ....

Entschlu....../freudig: ....

Genu....../süchtig: ....

Fro......t/sicher: ....

Lö......ung/orientiert: ....

Kun......t/voll: ....

Schu....../sicher: ....

Rie......e/groß: ....

5 s-Schreibung bei Fremdwörtern

EINFACH KOMPAKT

Fremdwörter werden nach den **Regeln ihrer Herkunftssprache** geschrieben. Nicht jeder s-Laut wird auch als s geschrieben: *City, Chance, Service*. Dennoch gibt es **typische** s-Wortbestandteile:

Nomen: *Dis-, Trans-/-(s)ion, -yse, -ess, -(n)ess, -ist(in), -istik, -ismus, -esse, -ast, -sie, -ose*
Verb: *-sieren*
Adjektiv: *-os, -ös, -(s)siv*

83 **Suche die richtige Erklärung für die Fremdwörter und bilde die dazugehörenden Verben!**

Fremdwort	Verb	Erklärung (ordne zu!)
Diskussion (6)	*diskutieren*	(1) Aufmerksamkeit, Anteilnahme
Kristall (...)		(2) Zeichen
Transformator (...)		(3) optisches Instrument zur Vergrößerung kleiner Gegenstände
Prozess (...)		(4) Anweisung
Signal (...)		(5) regelmäßige Form der Mineralien
Interesse (...)		**(6)** Wechselrede
Demonstration (...)		(7) Umspanner von elektrischem Strom
Kriminalität (...)		(8) Kundgebung, Vorführung
Kritik (...)		(9) Beobachtung
Mikroskop (...)		(10) Rohstoff
Instruktion (...)		(11) Einfallsreichtum, Vorstellungskraft
Observation (...)		(12) gerichtliches Verfahren, Ablauf
Disziplin (...)		(13) Straffälligkeit
Friseur (...)		(14) Küchengerät zum Herausbacken in heißem Fett
Fritteuse (...)		(15) Bart schneiden
Rasur (...)		(16) Ordnung, Selbstbeherrschung
Material (...)		(17) Anzeige (zB in einer Zeitung)
Fantasie (...)		(18) Beurteilung, Tadel
Inserat (...)		(19) Haarstylist

84 Schwierig! Suche nun die richtigen Fremdwörter und leite davon ein passendes Verb ab!

Mission, Typ, Inspektion, Konsum, Inspiration, Organisation, Konfiskation, Automat, Demission, Assistent, Präzision, Konstruktion, Stress, Inskription, Kompromiss, Institution, Instrument, Diskriminierung, Position, Reserve, Dimension

Erklärung	Fremdwort	Verb
Rücktritt	die D	
körperliche und seelische Überbeanspruchung	der St	
Verbrauch	der K	
Vereinigung	die O	
Mitarbeiter, Helfer	der A	
Glaubensverbreitung, Auftrag	die M	
Bau, Entwurf	die K	
selbsttätiger Apparat	der A	
Beschlagnahme	die K	
Vorrat, Ersatz	die R	
Standort	die P	
Genauigkeit	die P	
unterschiedliche Behandlung, Herabsetzung	die D	
Grundform, Modell, Bauart	der T	
feines Gerät für Arbeiten, zum Musizieren	das I	
Einrichtung	die I	
geistige Eingebung	die I	
Zulassung, Einschreibung an der Universität	die I	
prüfende Besichtigung	die I	
Vereinbarung, bei der beide Teile nachgeben	der K	
Ausdehnung	die D	

85 Setze nun die Wörter der Wortschlange richtig ein.

phantasiertFritteuseKonsumKonsenskritisiereninskribiertDisziplininteressiereprotestierentypisierenreservierstOrganisation inspirierenAssistentfrisierenMissionpräzisiereninseriertDiskussionanalysiert

1. Bevor das umgebaute Motorrad zugelassen wurde, musste ich es erst .... lassen.
2. Mein Bruder ist seit heuer an der Technischen Universität in Wien ....
3. Besonders zur Weihnachtszeit steigt der .... von alkoholischen Getränken stark an.
4. Wir .... gegen Ihren Unterricht, Herr Professor!
5. Ich komme sehr knapp vor Vorstellungsbeginn – .... du mir einen Sitzplatz neben dir?
6. Meine Eltern sind Mitglieder der .... Greenpeace.
7. Unsere .... verwenden wir eigentlich nur zum Herausbacken von Pommes frites.
8. Der .... unserer Englischlehrerin kommt aus Ohio und ist sehr sympathisch.
9. Das Streiten lohnt sich nicht – wir werden uns bemühen, gemeinsam einen .... zu finden!
10. Kannst du bitte aufhören, mich ständig zu ....? Ich nörgle auch nicht dauernd an dir herum!
11. Meine kleine Schwester hat so hohes Fieber, dass sie sogar schon ....
12. Unser Pfarrer hat sich für eine .... in Afrika gemeldet.
13. Statt deine Haare zu färben, könntest du sie einfach mal ordentlich ....!
14. Unser Klassenvorstand sagt, in unserer Klasse herrsche zu wenig ....
15. Könnten Sie Ihre Aussage bitte ....? Ich bin mir nicht sicher, ob ich Sie richtig verstanden habe!
16. Mein Bruder möchte sein Auto verkaufen und hat es deswegen bei eBay ....
17. Lassen Sie sich durch diesen Vortrag zu neuen Ideen ....!
18. Ich .... mich für Fußball und Kickboxen.
19. Bei einer .... ist es wichtig, den anderen zuzuhören und auf ihre Aussagen zu reagieren.
20. Im Biologieunterricht haben wir ein Kuhauge seziert und Teile davon ....

6 *sp* und *st* am Wortanfang

86 Setze unten stehende Wörter richtig ein. Beachte die Zusammenschreibungen!

spannend – staubig – Standard – Spaß – statistisch – Sprossen – spekulieren – Speise – Stammbesetzung – Sprit – Stabilisator

1. Viele wollen nicht mit Aktien .... **2.** Ich kann von einem wirklich .... Abenteuer berichten, bei dem auch der .... nicht zu kurz kam. **3.** Die Straße erschien mir nicht asphaltiert und sehr .... **4.** Der .... seines neuen Computers ist doppelt so groß wie der des alten. **5.** Verrate mir deine liebste ....! **6.** Rein .... gesehen, hat jeder in Europa ein Fahrrad. **7.** Kein Verwackeln mehr mit diesem Bild..! **8.** Im März zeigen sich die ersten .... **9.** Ich fürchte, der .... ist aus. **10.** Wir genießen den hohen Lebens..

7 *das* oder *dass*

EINFACH KOMPAKT

- ***das*** kann drei verschiedene Aufgaben im Satz erfüllen. Es kann 1. **Artikel**, 2. **Demonstrativpronomen**/hinweisendes Fürwort oder 3. **Relativpronomen**/bezügliches Fürwort sein. Es kann in diesen Fällen durch „dies(es)" bzw. „welches" ersetzt werden.
- ***dass*** ist eine **Konjunktion** (ein Bindewort). Als solches bindet es einen untergeordneten Satz/Gliedsatz an einen Hauptsatz. Es kann nicht durch ein anderes Wort ersetzt werden.

87 Setze das richtige Wort ein!

1. Ich kann nicht glauben, ... du .... Kleid, ... du trägst, selbst genäht hast!
2. Hast du dir .... auch wirklich gründlich überlegt?
3. Das Übungsbeispiel, ... Sie uns aufgegeben haben, war für mich zu schwierig.
4. Bist du dir auch sicher, ... du lieber alleine bleiben willst?
5. Mein Bruder hat .... beste GPS, ... es momentan zu kaufen gibt.
6. 16 Jahre mit dem Motorrad durch die Welt reisen – kannst du dir .... vorstellen?
7. Ich habe irgendwie .... Gefühl, ... du ...., was du sagst, nicht ganz ehrlich meinst.
8. .... ein Fehler war, war mir eigentlich sofort klar.
9. Hört meine CD und ihr werdet merken, ... ich einen anderen Stil pflege!
10. Schon bei der ersten Bandprobe hatte sie das Gefühl, ... es „rockt" und .... sie in dieser Besetzung perfekt zusammenpassen.

11. Ein Fußballspieler nach einem 13-Sekunden-Einsatz: „Für mich war es wichtig zu sehen, ... ich konditionell mithalten konnte!“

12. Was kann ich tun, ... meine Freundin mir .... glaubt?

13. .... wir statt Musik zwei Stunden Mathe haben, ... finde ich ganz schön unfair!

14. Überzeuge dich davon, ... die Kuvertüre wirklich geschmolzen ist, bevor du sie über den Kuchen gießt!

15. Ich finde, ... ist eindeutig eine Torwartfrage!

16. .... sich Pumas heute wieder stärker vermehren, wird von Biologen bestätigt.

17. Bei dem Spiel, ... ich mir gestern angesehen habe, haben die Österreicher leider verloren.

18. Auch du musst lernen, ... man nicht immer gewinnen kann!

19. Hast du gewusst, ... die Chinesische Mauer zirka siebenmal so lang wie Deutschlands Grenze ist?

20. .... man gut die Balance halten kann, ist beim Voltigieren sehr wichtig.

88 *das* oder *dass*? Noch mehr Übungen!

1. Das Mädchen, ... gestern bei den Nachbarn zu Besuch war, geht nächstes Jahr mit dir in die Klasse.

2. Zeige mir, ... du .... Kapitel verstanden hast!

3. .... du schon alles kannst, ... war mir von Anfang an klar.

4. Ich finde es interessant, ... chinesische Kinder in den ersten Schuljahren ungefähr 3000 Schriftzeichen lernen.

5. Hast du schon mal gehört, ... Gottesanbeterinnen bei der Paarung manchmal die Männchen auffressen?

6. Mir fällt auf, ... du ständig zu spät kommst.

7. Mensch, ist .... langweilig hier!

8. Viele Experten sagen, ... könnte für den Planeten zur Gefahr werden.

9. .... Baby, ... die Frau auf dem Foto in ihren Armen hält, bist du!

10. .... man mit Essstäbchen nicht auf andere zeigt, gehört in Asien zu den Tischsitten.

11. .... Obst, ... vom Buffet übriggeblieben ist, haben wir an die Schweine verfüttert.

12. Hast du nicht gelesen, ... Betreten des Grundstücks verboten ist?

13. Mein Lehrer hat mir nahegelegt, ... ich mir eine Nachhilfelehrerin suchen soll.

14. Und .... soll witzig sein?

15. Ich habe schon befürchtet, ... du dir wieder eine gruselige Überraschung ausdenkst!

16. Aber .... ist doch lächerlich!

17. Ich bin mir sicher, ... du .... schaffen kannst!

18. Wenn Hunde im Schlaf mit dem Schwanz wedeln, bedeutet ...., ... sie träumen.

19. Sag bloß, ... du .... nicht wusstest!

20. Viele Generationen dieser Familie lebten davon, ... Gold nach Europa zu importieren.

89 *das* oder *dass*?

1. Ich bin froh darüber, ... wir uns so gut verstehen.
2. .... ich dir vertraue, ... weißt du hoffentlich.
3. Ein Liebesbrief ist die schönste Art zu sagen, ... man jemanden gern hat.
4. Das Eis, ... ich letzten Sommer am liebsten gegessen habe, gibt's heuer nicht mehr.
5. .... ist wirklich schade!
6. Er hat uns versichert, ... er gut auf unsere Katze aufpassen werde.
7. Das Fitnessstudio, ... wir von der Schule aus besuchen, heißt *Lifeline*.
8. Kannst du dir vorstellen, ... es zu Weihnachten keinen Schnee mehr geben wird?
9. Hast du dir .... selbst ausgedacht?
10. Entscheidend ist, ... du nach deinem Gewissen handelst.
11. .... ist jetzt aber viel zu einfach!
12. Ich habe geträumt, ... ich Skispringer bin und oben am Start stehe.
13. Mut zu haben heißt für mich, ... man sich für andere einsetzt.
14. Ob es Engel wirklich gibt, ... weiß ich nicht!
15. Meine Freundin hört Techno – .... finde ich nur peinlich!
16. .... wir so gute Freunde werden, ... habe ich mir nicht gedacht!
17. Wenn du willst, ... ich dir zuhöre, dann hör' auch du mir zu!
18. Das Familienfoto, ... bei uns im Vorzimmer hängt, sehe ich mir immer wieder an.
19. Wer sagt, ... du Recht hast?
20. .... du ein großartiger Koch bist, ist unumstritten.

90 Ergänze den fehlenden (Umkehr-)Satz und setze die nötigen Satzzeichen.

Beispiel: *Dass er nicht dazugehört, (das) bekam er schmerzhaft zu spüren.* ▶
Er bekam schmerzhaft zu spüren, dass er nicht dazugehört.

Es ist gut, dass du den Fehler bemerkt hast. ▶
Dass du den Fehler bemerkt hast, (das) ist gut.

1. Dass du Recht hast, (das) glaube ich nicht.

....

2. Ich finde es schade, dass du keinen Absender angegeben hast.

....

3. Dass sie mich immer ansieht, (das) finde ich total peinlich.

....

4. Dass es dir unangenehm ist, (das) verstehe ich.

....

5. Du erkennst selbst, dass du kein Unschuldslamm bist.

....

6. Es ist für Kinder wichtig, dass nicht immer nur die Erwachsenen alles bestimmen.

....

7. Dass ich ins Kino gehen darf, (das) haben mir meine Eltern versprochen.

....

8. Dass du es nicht immer leicht mit mir hast, (das) weiß ich.

....

9. Unser Lehrer schlägt vor, dass wir nach dem Turnier gemeinsam Eis essen.

....

10. Dass die nächsten Ferien genauso schön werden, (das) wünsche ich mir.

....

91 *das* – *dass* und schwierige s-Wörter: Setze richtig ein!

1. Ich wü......te nicht, wa...... an die......em Kleid so be......onders sein sollte!

2. Jeder wei......, da...... es durchau...... nicht einfach i......t, am Gesichtsau......druck eines Menschen fe......tzustellen, wa...... er gerade fühlt – viele fragen sich daher berechtigterwei......e, ob da...... mit einer Computeranaly......e möglich ist.

3. Das geheimni......volle Lächeln von Leonardo da Vincis *Mona Lisa* drückt angeblich haupt......ächlich Glück aus, eine Unter......uchung von Wi......enschaftlern zeigte aber auch, da...... die Frau Zorn, Angst und Ekel empfindet – da...... finde ich intere......ant!
4. In meinem Liebling......märchen geht es darum, da...... sich eine Hexe als freundliche Alte au......gibt und die Kinder in ihr Hau...... lockt, um sie anschlie......end zu verspei......en.
5. Durch seine be......onderen magischen Kün......te und Wei......heiten wurde dieser Mann eine Legende.
6. Das Ziel un......erer Kampagne ist, da...... Kinder be......er über das E......en Bescheid wi......en und seltener zu Fa......t Food greifen.
7. Wu......test du, da...... Fakire stundenlang auf einem Nagelbrett stehen können?
8. Als das Feuer au......brach, reagierten manche Insa......en völlig hy......terisch.
9. Als der äng......tliche Rie......e das Bewu......tsein verlor, fe......elten ihn die Menschen und brachten ihn zurück in seine ein......ame Höhle.
10. Ich habe gele......en, da...... in Amerika...... Schulen Automaten mit sü......en Dur......tlöschern wie Cola und Limonade in Zukunft gegen Geräte mit ge......ünderen Getränken au......getauscht werden – das wäre gewi...... auch bei uns eine gute Idee!
11. Da...... Wort *Sudoku* (da...... ist der Name des Zahlenrät......el......, da...... mittlerweile weltbekannt i......t), i......t die Kurzform eines japanischen Satzes, der soviel bedeutet wie: Die Zahl mu...... alleine bleiben.
12. Bei den Grabung......arbeiten im Tal der Könige in Ägypten war sich der Archäologe Howard Carter sicher, da...... es minde......tens noch ein unentdeckte...... Grab geben mü......te – nämlich da...... des verge......enen und geheimni......vollen Pharao...... Tutenchamun.
13. Er war sich sicher, da...... er die Prüfung nicht be......tanden hatte, aber er lie...... sich nichts anmerken.
14. Ich habe ein Flü......tern und sehr lei......e Stimmen gehört, aber leider wu......te ich nicht, worum es ging.
15. Das Geld wurde gleichmä......ig unter den Gewinnern aufgeteilt, und denen, die nicht anwe......end waren, wurde ihr rechtmä......iger Anteil aufs Konto überwie......en.
16. Bist du dir sicher, da...... ich mich auf dich verla......en kann und da...... du nicht wieder vergi......t, da...... Licht au......zuschalten?
17. Die Kinder sau......ten wie der Wind – als sie endlich den Flu...... erreicht hatten, waren sie alle au......er Pu......te.
18. Er sa...... zuhau......e und wu......te nicht, wa...... er mit seinem unerme......lichen Reichtum anfangen sollte.
19. Meine Oma lie......t morgens immer die Zeitung und sobald sie die......e bei......eite gelegt hat, gie......t sie ihre Blumen.
20. Mir ist durchau...... bewu......t, da...... ich in letzter Zeit etwa...... verge......lich war!

KAPITEL 3: Komma und andere Satzzeichen

1 Satzzeichen am Schluss von Sätzen

EINFACH KOMPAKT

- der **Punkt [.]**: am Ende von Aussagesätzen und Feststellungen. *Das ist ein Beispielsatz.*
- das **Rufzeichen [!]**: am Ende von Aufforderungssätzen/Ausrufsätzen/Wunschsätzen. *Schau dir das an! Um Himmels willen! Das hättest du erleben müssen!*
- das **Fragezeichen [?]**: am Ende von Fragesätzen. *Willst du hier auch einen Beispielsatz?*

WICHTIG! Nach diesen drei Satzschlusszeichen beginnt der **nächste Satz** mit **Großschreibung**.

92 **Aussagesatz (A), Fragesatz (F) oder Ausrufesatz (R)? Setze die fehlenden Satzschlusszeichen und schreibe in Klammer, um welche Satzart es sich handelt.**

1. Sollte das Sitzenbleiben abgeschafft werden...... ( )
2. Mir ist wichtig, dass mir jemand zuhört...... ( )
3. Lady Diana wurde zur Königin der Herzen, weil sie vielen Menschen half...... ( )
4. Komm, mach doch mit...... ( )
5. Bitte zu Tisch...... ( )
6. Hast du Lust, dich mit mir zu treffen...... ( )
7. Weißt du, wie diese Krankheit übertragen wird...... ( )
8. Hör auf deinen Körper...... ( )
9. Ich heiße Nadine, bin 14 und suche Brieffreunde aus aller Welt...... ( )
10. Gleich morgen kaufe ich mir das neue „Bravo“...... ( )

93 **Setze alle fehlenden Satzschlusszeichen sowie die Anfangsbuchstaben der Folgesätze richtig ein!**

1. Haben Nichtraucher einen besseren Geschmackssinn ......a, ihre Zunge ist empfindsamer (j/J)
2. Zigaretten enthalten viele schädliche Inhaltsstoffe ......ör doch endlich auf zu rauchen (h/H)
3. Warum soll gerade ich aufhören ......ch fühle mich recht gut (i/I)
4. Das ist aber wirklich keine intelligente Antwort ......ie lange ist das noch so (w/W)
5. Und außerdem mag ich nicht länger mitrauchen ......a ist man genauso gefährdet (d/D)
6. Du hast Recht ......ielleicht sollte ich wirklich auf eine gesündere Sucht umsteigen (v/V)
7. Meinst du wirklich ......oll ich noch ein Stück Torte essen (s/S)
8. Das ist doch eine Frechheit ......ier wird einem nichts geboten außer teure Preise (h/H)

2 Satzzeichen innerhalb von Sätzen

EINFACH KOMPAKT **Satzzeichen innerhalb von Sätzen**

- Das **Komma**/der Beistrich **[,]** ist am häufigsten bei der Aufzählung und in einem Satzgefüge (zwischen einem Hauptsatz und einem Nebensatz) zu finden und noch an zahlreichen anderen Stellen im Text. *Willst du mehr wissen, interessiert dich am meisten der Beistrich, dann mach dich beim Kapitel zur Kommasetzung schlau! (▶ Die Kommasetzung)*
- Das **Semikolon**/der Strichpunkt **[;]** steht zwischen zwei Hauptsätzen, die inhaltlich eng zusammengehören. Er trennt auch Wortgruppen: *Er ist gar nicht so oft zu finden; daher braucht es einen klaren Beispielsatz. Wir tranken Cola und Mineralwasser; Bier und Wein; Kaffee und Tee.*
- Der **Gedankenstrich [–]** findet sich in Texten, wenn es spannend wird. Oft wird aber auch nur eine Zusatzinformation eingeschoben. *Der Minutenzeiger rückte weiter – da schlug es zwölf Uhr. Die beiden – Gedankenstrich und Bindestrich – soll man nicht verwechseln, der erste ist nämlich länger.*
- Die **Klammern [()]** dienen wie die Gedankenstriche zum Einfügen von zusätzlicher Information. *Klammern finden sich oft in geschichtlichen Texten (mit einer Jahreszahl darinnen).*

WICHTIG! Nach diesen vier Satzzeichen beginnt der **nächste (Teil-)Satz** mit **Kleinschreibung**.

94 Trage in folgenden Sätzen an den passenden Stellen ein Semikolon/einen Strichpunkt ein!

1. Der Kinofilm ist schon zu Ende wir bleiben jedoch noch ein wenig sitzen.
2. Ich habe mich wirklich lange genug damit geplagt jetzt ist Schluss.
3. Auf dem Bahnhof gibt es vieles zu sehen: Reisende und Wartende Koffer und Taschen Würstelbuden und Cafés Züge und Waggons.
4. Ich möchte dir so gerne ein Geständnis machen aber ich trau mich nicht.
5. Das Wetter hat sich sehr verschlechtert dennoch komme ich.
6. Ich werde dir noch einmal beim Suchen helfen doch es ist das allerletzte Mal.

95 Trage in folgenden Sätzen die fehlenden Gedankenstriche ein.

1. Er behauptet mal schauen, ob er´s schafft , dass er mit einem Traktor hüpfen kann.
2. Wir sind dir das möchte ich noch einmal unterstreichen zu sehr großem Dank verpflichtet.
3. Sie kauften sich heuer zum ersten Mal! eine Tüte Eis.
4. Schließlich kam er doch wer hätte das gedacht ins Ziel.
5. Sie kann und das ist besonders schade nicht auf ihre Zigaretten verzichten.
6. Wir werden im Gegensatz zu allen anderen Teams keinen Boxenstopp einlegen.
7. Sie meinte da hat sie nicht ganz Unrecht es sei unwichtig.
8. Jedes Jahr im Frühling egal bei welchem Wetter machen wir eine Wallfahrt.

3 Satzzeichen bei der direkten Rede

EINFACH KOMPAKT

- Die **Anführungszeichen [„"]** stehen vor und nach einer direkten/wörtlichen Rede (auch Gedanken). *Er sagte: „Pass gut auf, dass du nicht zu hoch fliegst!" „Komm nie wieder!", schrie sie ihm nach. „Es muss etwas geschehen", dachte er sich.*
  Mit Anführungszeichen werden auch Zitate, Zeitungsnamen, Titel von Büchern und Filmen und Ähnliches versehen. *Kennst du „Faust I"? Dein ewiges „Ich weiß nicht so recht" stört mich sehr.*
- Der **Doppelpunkt [:]** kündigt direkte/wörtliche Reden an. *Der Sohn meinte nur: „Ich werde einfach auf mittlerer Höhe fliegen, Papa!"*

WICHTIG! Ist die **wörtliche Rede vor dem Begleitsatz**, so haben Aussagesätze darin **keinen Punkt**. Nach dem Komma, das direkte Rede und Begleitsatz trennt, geht es immer klein weiter. Sonst steht am Ende einer direkten Rede immer das jeweilige Satzschlusszeichen: *„Heute gehen wir fort", meint Silvia. Marie bekräftigt: „Ja, heute unternehmen wir etwas Tolles." „Was sagst du da?", darauf Peter. Susi entschieden: „Sie hat Recht!" „Jetzt reicht's!", ruft er.* (manchmal drei Satzzeichen hintereinander!)

96 Setze die richtigen Satzzeichen! Du kannst dir die Texte übrigens auch diktieren lassen und in dein Übungsheft schreiben.

Verkehrte Welt

Ein hübsches Mädchen fährt bei Rot über die Kreuzung   Der Verkehrspolizist pfeift auf der Trillerpfeife   doch das Mädchen reagiert nicht   Der Polizist verfolgt sie auf dem Motorrad und stoppt die Fahrerin

Haben Sie meinen Pfiff nicht gehört

Doch, aber ich habe schon eine Verabredung

***

A sagt   Vor dir steht ein Löwe   hinter dir ein Tiger   links ein Puma und rechts ein Jaguar   Was machst du da

Ich hab keine Ahnung   erwidert B

A darauf   Ganz einfach   Du steigst einfach in den Jaguar und fährst davon

***

Eine ältere Dame zu einem Jungen   Warum weinst du denn   Kleiner

Weil kein Auto kommt   meint dieser

Die Dame erstaunt   Na und

Der Junge heulend   Wir haben in der Schule gelernt   dass man erst über die Straße darf   wenn das Auto vorbeigefahren ist

97 Setze die Titel oder Zitate in folgenden Sätzen in Anführungszeichen!

1. Wolf Haas lässt in seinem Roman Der Knochenmann eine Grillstation zum Ort des Verbrechens werden.
2. Im Sportteil berichtet Der Standard von einem ungewöhnlichen Spielerverkauf im Fußball.
3. Das Gedicht Es ist alles eitel von Andreas Gryphius bringt barockes Lebensgefühl auf den Punkt.

4. Im Film Wie im Himmel geht es um einen Musiker, der nach einem totalen Zusammenbruch seine Lebensfreude wiederfindet.
5. Die Komödie Einen Jux will er sich machen zählt zu den erfolgreichsten von Johann N. Nestroy.
6. Federer schwebt im Tennishimmel titelt die Sportzeitung heute nach dessen 5. Turniersieg in Serie.
7. Mit dem Song Über den Wolken wurde er im ganzen deutschsprachigen Raum berühmt.
8. Wir haben Das Sprachbastelbuch fünfmal zu Hause, jeder hat sein eigenes Exemplar.

4 Der Doppelpunkt kann mehr

EINFACH KOMPAKT

Der **Doppelpunkt [:] kündigt** neben direkten/wörtlichen Reden auch andere Sätze, Satzteile, Aufzählungen **an.** *Die Volksweisheit sagt: Durchs Reden kommen die Leut´ zusammen. Familienstand: ledig. Mathematik: gut.*
Oft folgt auch eine **Zusammenfassung** oder **Folgerung.**
Mozzarella, Schinken, Oliven, Artischocken: alles auf meiner Lieblingspizza.
Wir wissen es: Der Klimawandel ist eine Bedrohung für die Erde.

WICHTIG! Folgt nach dem **Doppelpunkt** ein **ganzer Satz**, beginnt dieser immer mit **Großschreibung**. In allen anderen Fällen wird nach dem Doppelpunkt klein weitergeschrieben.

98 Schreibe die Sätze in Normalschrift auf und setze den Doppelpunkt richtig.

1. In ihrem gesicht spiegelte sich nur eines freude.
2. Ein antikes sprichwort sagt der zweite gedanke ist oft der bessere.
3. Ihr kind benötigt festes schuhwerk, eine regenjacke und einen sonnenhut.
4. Führerschein, pass, geldtasche alles war auf einmal weg.
5. Deutsch sehr gut. Verhalten sehr zufriedenstellend
6. Eines musst du immer bedenken du bist eine einmalige, wunderbare person.
7. Alle leiden daran, aber keiner tut etwas dagegen furchtbare langeweile.

99 Wörtliche Reden und Aufzählungen: Übertrage in die Normalschrift und setze die fehlenden Satzzeichen.

1. EINES WUSSTE SIE BESTIMMT DAS WAR IHR LETZTES TREFFEN MIT JIMMY GEWESEN

....

2. ICH SAGE ES DIR NUR EINMAL LIEBE IST KEIN SPIEL

....

3. DIE BABYSITTERIN GRINSTE SCHELMISCH WIR WERDEN UNS BESTIMMT GUT VERSTEHEN

....

4. ZWISCHEN UNS IST ALLES GEKLÄRT DU ÜBERNIMMST DIE RECHTE ICH DIE LINKE SEITE

....

5. MEIN VATER MEINTE DU HATTEST WIEDERMAL RECHT SCHWARZE PISTEN SIND NICHTS FÜR MICH

....

6. UNSER MOTTO LAUTET VERSPROCHEN IST VERSPROCHEN UND WIRD AUCH NICHT GEBROCHEN

....

7. AUF EINER PIZZA MAG ICH EIER SARDELLEN SCHINKEN UND CHAMPIGNONS

....

8. WAS ICH AN DIR SCHÄTZE DEINE ZUVERLÄSSIGKEIT DEINEN HUMOR UND DEINE EHRLICHKEIT

....

9. COMPUTER MOBILTELEFON INTERNET WIR LEBEN NICHT MEHR IM 18 JAHRHUNDERT

....

5 Satzzeichen bei Auslassungen/Einsparungen

EINFACH KOMPAKT

- die drei **Auslassungspunkte [...]**: „Verda... nochmal!", schrie er und griff sich an den Daumen.
- der **Apostroph [']**: vor allem für Eigennamen im Genitiv auf -s(s)/-ß/-(t)z/-x. *Max' Auto, Hans' Bär;* auch für ungewöhnliche/missverständliche Buchstabenauslassungen: *Das Wasser rauscht' vergang'ne Nacht und der Specht klopft' im Takt.*
- der **Schrägstrich [/]**: Man kann mit ihm mehrere Möglichkeiten kennzeichnen. *Liebe Leser/innen, jede/r Schüler/in*; auch Zahlenangaben und Verhältnisse: *das Wintersemester 2007/8, 5 Schafe/ha*
- der **Ergänzungsstrich [-]**: Wenn mehrere Wörter den gleichen Bestandteil haben, wird dieser nur einmal genannt. *Ex- und Import, Hausplanung und -bau, Garagenein- und -ausfahrt*

100 Kennzeichne die Auslassungen durch Apostrophe, Schräg- oder Ergänzungsstriche!

1. Ries ge Bäume standen auf einmal vor mir.
2. So hört s doch auf! Da helfen auch keine Wut und Zornanfälle.
3. Liebe Mitarbeiter innen, ein herzliches Vergelt s Gott für die Mithilfe.
4. Der Bühnenauf und abbau wird vom Veranstalter übernommen.
5. Interessenten Interessentinnen mögen sich im Personalbüro vorstellen.
6. Auf der Autobahn wird man mit der erlaubten Höchstgeschwindigkeit von 130 km h von vielen überholt.
7. Für Winter Frühling 2007 8 haben wir uns den völligen Um und Ausbau vorgenommen.
8. Mit 120 Absolventen Jahr liegen wir klar im Spitzenfeld.

101 Bei welchen der unterstrichenen Eigennamen muss ein Apostroph stehen? Setze ihn richtig!

1. Hans Tanzkünste waren leider mehr als bescheiden.
2. Von Elvis Zwillingsbruder, der schon bei der Geburt starb, wissen die wenigsten.
3. Das zweite Buch des Aristoteles über die Poetik soll die Komödie zum Thema gehabt haben.
4. Johannes Cousine bewunderte ihn für sein Klavierspiel.
5. Der freche Begleiter des Moritz hieß mit Namen Max.
6. Florenz Uffizien sind eine der bedeutendsten Gemäldegalerien Europas.
7. Weißt du, dass Beatrix Schwester Monika heißt?
8. Annas Vorliebe galt den Mehlspeisen, ganz besonders dem Kaiserschmarren.
9. Venezuelas wichtigster Bodenschatz ist das Erdöl.

6 Komma bei Aufzählung und Reihung

EINFACH KOMPAKT

Das Komma trennt ...

- **gleichrangige Glieder einer Aufzählung** voneinander, wenn diese nicht durch UND bzw. ODER u. Ä. verbunden sind. *Der große, neue, teure Fernseher ist edel. Nichts tun müssen, nur ans Essen zu denken: Das ist Urlaub!* Aber: *Sowohl Peter als auch Susi wollten lieber zuhause bleiben. Weder sie noch er hatten davon eine Ahnung. Du kannst entweder mitkommen oder zuhause bleiben.*
- **zwei oder mehrere Hauptsätze** einer Satzreihe, wenn sie nicht durch UND bzw. ODER verbunden sind: *Die Luft ist rein, du kannst jetzt rauskommen. Es ist schön, aber der Preis ist unverschämt.*
  Ein Beistrich bei Verbindung mit UND/ ODER ist aber erlaubt: *Ich fahre Rad(,) und du gehst zu Fuß.*
- **zwei oder mehrere gleichrangige Nebensätze** eines Satzgefüges, wenn sie nicht durch UND bzw. ODER verbunden sind: Wir freuten uns, weil wir gewonnen hatten, weil wir es geschafft hatten.

WICHTIG! Bei **nicht gleichrangigen Adjektiven** vor einem Nomen/Hauptwort, darf **kein Komma** stehen: *die neue elektrische Eisenbahn* („und" zwischen *neu* und *elektrisch* gäbe keinen Sinn!)

102 Ergänze die fehlenden Kommas!

1. Harald Peter Mary Fred Martha und Fritz sind die Namen unserer Schafe.
2. Zu den wichtigsten Flüssen Oberösterreichs zählen Donau Inn und Traun.
3. Ich gehe heuer als gefährlicher furchterregender Pirat auf die Faschingsparty.
4. Maus Computer und Tastatur kennt heute jedes Kind.
5. Du kannst dein Steak auf verschiedene Arten haben: medium blutig oder paniert!
6. Wir beendeten durchnässt erschöpft und mit letzter Kraft die vorletzte Etappe.

103 Auch ganze Sätze (Haupt- oder Nebensätze) können aufgezählt werden. Setze die nötigen Kommas!

1. Ich frage mich wirklich was du mit dieser Ausbildung machen willst was du dir davon versprichst.
2. Letztes Jahr hatten wir einen feuchten Sommer fünf Wochen hindurch regnete es.
3. Ärgere dich nicht mehr sieh es gelassen und versuche es noch einmal!
4. Ich weiß wo du die Schuhe kaufen kannst wo du sogar auf Raten bezahlen kannst.
5. Denk an deine Talente plane deine Berufskarriere!
6. Keiner hat ihn davor gewarnt keiner hat ihn zurückgehalten alle haben sie nur geschmunzelt.
7. Was für eine Verbindung ist die beste wo fährt der Zug ab und wie lange dauert die Fahrt?
8. Das ist klug weil es das noch nicht gibt weil es jeder irgendwie braucht und noch keiner im Angebot hat.

104 Entscheide, ob es sich um gleichrangige oder nicht gleichrangige Adjektive handelt und setze – wo nötig – einen Beistrich! (Tipp: Macht ein UND zwischen den Adjektiven Sinn, dann ein Komma, sonst nicht!)

1. Vielleicht sollte man preiswertere einfachere Geräte anschaffen?
2. Mit einigen roten Rosen wollte sie sich wieder mit ihm versöhnen.
3. Viele neue Bücher warten in den Regalen auf ihre Leser.
4. Das verrostete alte Mofa war sicher ein Schnäppchen!
5. Über die verwirrende politische Lage in diesen Ländern erfahren wir oft aus den Nachrichten.
6. Für ein Käsefondue braucht man auch älteren Schweizer Käse.
7. Bei stürmischem regnerischem miesem Wetter ist man lieber zu Hause.
8. Ich habe dieses unablässig laute Singen satt.
9. Ich wünsche mir zum Geburtstag ein richtig cooles Fahrrad.
10. Alle richtigen leserlichen Antwortkarten nehmen an der Ziehung teil.

105 Setze, wenn nötig, Kommas!

1. Ich möchte weder dich noch jemand anderen sehen!
2. Sebastian ist zwar kein guter Fußballspieler aber er kann sehr schnell laufen.
3. Sowohl Pauls Schwester als auch sein Bruder kamen zur Überraschungsparty.
4. Entweder wir essen sofort oder ich plündere den Kühlschrank!
5. Er fährt nicht Snowboard sondern Schi.
6. Meine Freundinnen und meine Schwestern verstehen sich ganz gut.
7. Sie hat ihre Haare nicht geschnitten sondern abrasiert.
8. Einerseits habe ich Angst vor der Schularbeitenrückgabe andererseits bin ich froh wenn's endlich vorbei ist.
9. Hilfst du mir nun oder willst du noch länger untätig herumstehen?
10. Wir wurden weder ermahnt noch gestraft und doch habe ich ein seltsames Gefühl.

106 Setze, wenn nötig, Kommas!

1. Johannes Maria Peter und Sabine sahen sich gemeinsam „Fluch der Karibik" an.
2. Alles was ich mir wünsche ist ein neues Haus ein neues Auto eine Kreuzfahrt in der Karibik und eine Million auf dem Konto.
3. Wir haben bereits Zwiebel Petersilie Karotten und Sellerie in die Soße gegeben – fehlt noch was?
4. Wer hat unsere kleine schwarze zutrauliche Katze gefunden?
5. Meine Eltern haben viele nette Freunde.
6. An einem Tag kann man tatsächlich Fallschirmspringen Bungeejumpen und Segelfliegen.
7. Kennst du schon die nette neue Freundin meines Bruders?
8. Ulrich Heidi Jochen und Ursula sind gemeinsam zur Schule gegangen.
9. Der reichlich gedeckte Frühstückstisch sieht sehr einladend aus.
10. Heute Nachmittag möchte ich spazieren gehen ein Bad nehmen und dann ein gutes Buch lesen.
11. Wir haben Tee getrunken und uns tief in die Augen geschaut.
12. Der Stoff für den Vorhang in meinem neuen Zimmer ist dünn weich ganz leicht glänzend und cremefarben.
13. Wer will schon eine struppige zahnlose alte Katze?
14. Er sah sie mit einem äußerst zärtlichen Lächeln an.
15. Sie steht auf wilde unkonventionelle ohrenbetäubend laute Rockmusik.
16. Mit diesen Worten verabschiedete er sich ging und ward nie mehr gesehen.
17. Ich fahre mit meinen alten frisch gewachsten Skiern.
18. Er trinkt vorzugsweise schwarzen indischen Tee.
19. Bei uns erwarten Sie typische Tiroler Schmankerl sowie ein reichhaltiges Frühstücksbuffet.
20. Ich möchte Spanisch Italienisch und Russisch lernen.

7 Komma bei Nebensätzen

EINFACH KOMPAKT

Das Komma trennt ...

- **Nebensätze von Hauptsätzen.** Nebensätze werden oft eingeleitet mit *da, weil, als, nachdem, der/die/das, obwohl*: *Obwohl ich wenig Hunger hatte, konnte ich der Versuchung nicht widerstehen. Er ging nach Hause, weil es schon spät war. Der Hund, der dort läuft, gehört den Nachbarn.*
- **Nebensätze**, die **von anderen Nebensätzen** abhängen: *Ich weiß, dass es nicht leicht ist, wenn man kaum Deutsch sprechen kann.* (Der „wenn"-Satz hängt vom vorhergehenden „dass"-Satz ab.)
- (Satzähnliche) **Infinitivgruppen** und **Partizipialgruppen:** Das Komma trägt ganz besonders hier zu besserer Lesbarkeit bei. *Kurz gekocht, ist es noch besser. Es ist gut zu wissen, nicht alleine zu sein. Seine Absicht, den anderen zu helfen, ist lobenswert. Ohne zu grüßen, stürzte sie in die Klasse. Das war sein liebstes Hobby, jeden Samstag mit dem Hund spazieren zu gehen.*
  Aber kein Komma bei einfachen Infinitiven und *sein/haben/werden/brauchen/scheinen/pflegen*: *Seine Freude zu polieren war groß. Er war einfach nicht zu schnappen. Sie pflegte selten alleine zu klettern. Er scheint noch friedlich zu schlafen.*

WICHTIG! Sätze, welche **mit einem w-Wort eingeleitet** werden, werden immer mit **Beistrich** getrennt vom Hauptsatz: *Wer diese einfache Merkhilfe vergisst, ist selbst schuld.*
Aber kein selbstständiger w-Satz: *Er ist so groß wie du.*

107 Ergänze die fehlenden Kommas. Unterstreiche in den Sätzen auch die Personalformen.
(Zur Erinnerung: Ein Hauptsatz hat das Prädikat an zweiter Stelle, ein Nebensatz an letzter!)

1. Nirgendwo gibt es bessere Burger als hier wo wir heute Mittag Rast machen werden.
2. Vielleicht kann man das auch so sehen dass es eigentlich ein Glück ist dass du jetzt einen platten Reifen hast?
3. Keiner hat etwas davon wenn du jetzt den starken Mann spielst!
4. Während Hugo den ganzen Weg zurücklief rief Peter seine Schwester an die auch sofort kam.
5. Als der Junge das entlaufene Tier wiedersah machte er wie sein Hund einen Freudensprung.
6. Gerda schlug vor ein Lagerfeuer zu machen und Würstel zu grillen.
7. Mittags mit den anderen gemeinsam zu speisen daran liegt ihm sehr.
8. Lässig an den Türrahmen gelehnt und Kaugummi kauend erwartete er sie.
9. Mehr Besucher als die Veranstalter erwartet hatten nahmen an der Wanderung teil.
10. Der Ball donnerte so heftig gegen die Fensterscheibe dass sie in tausend Stücke zerbarst.
11. Ohne jetzt einen Streit provozieren zu wollen möchte ich dir eine kritische Rückmeldung geben.
12. Du kannst dir die Punkte wieder zurückholen indem du diese Strecke mit einem Tablett balancierst.
13. Der Versuch die fallende Vase zu retten endete leider erfolglos.
14. Damit hast du grob geschätzt 25 Kindern eine Riesenfreude gemacht.
15. Das brachte ihn auf die Idee mehr Bilder zu malen und er freute sich sehr.
16. Wir danken euch dass ihr uns geholfen habt und laden euch herzlich zum Hausfest ein.

108 Ergänze die fehlenden Kommas. Unterstreiche alle Einleitewörter der Nebensätze!

1. Ruhe wird erst wieder einkehren wenn die Wintersaison Anfang Mai zu Ende ist.
2. Mit diesem Schlüssel den du da in Händen hältst sperrten schon Kaiser und Könige auf.
3. Obwohl Kurt eher die Gemütlichkeit schätzt ist er bei diesem Bewerb nicht aufzuhalten.
4. Er hat gefragt ob jemand vielleicht ein Taschentuch für ihn hätte.
5. Die Sekretärin wollte den Computer nicht mehr anrühren bevor nicht der Informatiker da war.
6. Das Mädchen das beim Raufen ein blaues Auge abbekommen hatte wurde vom Arzt behandelt.

109 Unterstreiche die Gliedsätze und setze alle fehlenden Satzzeichen!

1. Hast du schon einmal bemerkt dass sie dich in der Pause immer anlächelt
2. Was ist wenn ich mich blamiere
3. Ich möchte auch gerne in den Basketballverein weil meine besten Freunde seit Kurzem dabei sind
4. Er fühlt sich dort wohl wo seine Familie zuhause ist
5. Wir können uns nicht konzentrieren wenn es in der Klasse laut ist
6. Weil es in die Berge floh überlebte das Mädchen den Tsunami
7. Lawinen sind große Schnee- oder Eismassen die sich von den Hängen lösen
8. Wenn die Äpfel zu spät gepflückt werden sind sie oft mehlig
9. Meine Mitschüler lachen mich aus weil ich kein Mobiltelefon habe
10. Woher weiß man welche Farben Dinosaurier hatten

110 Forme die Sätze nach dem Muster um und setze die nötigen Satzzeichen.

Beispiel: *Du bist meine beste Freundin. Ich rufe dich an. (weil)* ►
Ich rufe dich an, weil du meine beste Freundin bist.

1. Ich will mir etwas zu trinken kaufen. Ich möchte kurz anhalten. (*weil*)

   ....

2. Seinem Freund geht es nicht gut. Er hat keine Ahnung. (*warum*)

   ....

3. Du kommst an. Sag es mir bitte rechtzeitig. (*wann*)

   ....

4. Wir kennen uns. Wir sind uns nicht sicher. (*woher*)

   ....

5. Bist du sauer auf mich? Verrate es mir! (*warum*)

   ....

6. Diese Türe ist immer verschlossen. Sie will es uns nicht erklären. (*wieso*)

....

7. Verpetz' mich nicht. Schwör's mir! (*dass*)

....

8. Ich gehe momentan nicht gern zur Schule. Susanne ist der Grund. (*weshalb*)

....

9. Du hast Zeit. Melde dich bei mir. (*wenn*)

....

10. Das uralte Handwerk funktioniert. Ich zeige es dir. (*wie*)

....

111 Setze die fehlenden Beistriche!

1. Wenn ich maturiert habe möchte ich ein Jahr lang ins Ausland gehen.
2. Ich weiß noch nicht woher ich das nötige Geld nehmen werde.
3. Aber ich kann mir vorstellen dass ich im Gastgewerbe arbeite.
4. Wenn Giraffenbullen kämpfen schlagen sie den Kopf gegen den Hals des Rivalen.
5. Weil Giraffen das Trinken schwerfällt verzichten sie oft auf Wasser.
6. Sie verdursten aber deshalb nicht denn sie fressen umso mehr.
7. Ich glaube dass die Arbeit als Tontechniker sehr abwechslungsreich ist.
8. Sie gehen wenn es regnet am liebsten spazieren.
9. Lass es mich wissen falls du Hilfe brauchst.
10. Das Haus wird erst renoviert wenn wir genug gespart haben.
11. Wer das nicht sehen will hat keinen Sinn für soziale Gerechtigkeit nach der die Leute rufen.
12. Trotz deiner Hilfe konnte ich das Projekt das ich letzte Woche begonnen habe nicht beenden.
13. Ohne auch nur den kleinen Finger zu rühren standen sie da und schauten mir beim Arbeiten zu.
14. Ich weiß jetzt dass du Recht hattest als du gegen dieses Vorgehen protestiertest.
15. Sie beeilten sich um den Zug nicht zu versäumen der sie nach Paris bringen sollte.
16. Das Bemühen die kleinen Tiere mit dem Fläschchen hochzuziehen war von Erfolg gekrönt.
17. Du weißt wer hinter dieser Aktion steckt die Peter vor allen lächerlich gemacht hat?
18. Jetzt sag doch endlich was dir auf der Zunge liegt was dich so massiv stört!
19. Wann dieser Tag kommen wird weiß keiner.
20. Seine Idee die ganzen Einnahmen einem Sozialprojekt zu spenden fand regen Zuspruch.

8 Komma bei Zusätzen

EINFACH KOMPAKT

Das Komma trennt ...

- **nachgestellte/eingeschobene Beisätze, Zusätze** und **Erläuterungen** vom Hauptsatz: Oft sind diese durch Fügungen wie *zB/insbesondere/speziell/und zwar/nämlich* eingeleitet. *Das ist Alexander, mein bester Freund. Wir schätzen Karl, unseren Kapitän, als ausdauernden Spieler. Sie mag Krimis, insbesondere die von Martha Grimes. Du kommst nach Hause, und zwar gleich! Wir lieben Geschichten, spannende und aufregende. Das ist, ich möchte es genauso so sagen, eine Frechheit!*
- **mehrteilige Datums-, Wohnungs-** oder **Literaturangaben**: *Wir sehen uns am Samstag, dem 03.02., wieder. Für das nächste Treffen schlage ich Montag, den 12.03, um 14.00 Uhr, Cafe Sperl vor. Eine sehr poetische Stelle ist Nestroys „Talisman", 1. Akt, 3. Szene.*
- **Anreden** und **Ausrufe** vom Hauptsatz: *Au, jetzt hast du mich wieder gekratzt, Bello! Rudi, schau!*

112 Ergänze die fehlenden Kommas. Unterstreiche die Zusätze/Nachträge!

1. Der Hund friedlich schlummernd war die ganze Zeit unterm Tisch.
2. Computerspiele besonders Sprung- und Laufspiele liebte er über alles.
3. Unser Campingplatz direkt am Meer gelegen ist der ideale Platz für Ihren unvergesslichen Urlaub.
4. Sie warf ihrem Bruder einen kleinen Bauklotz nach ohne ihn verletzen zu wollen.
5. Fred der beste Handballer des Teams verletzte sich beim Snowboarden.
6. Nikolaus ein richtig süßer Lausebengel hat selbst gekocht und dabei die Küche verwüstet.

113 Forme die Sätze nach dem Muster um und setze die nötigen Satzzeichen.

Beispiel: *Das ist unser Freund Peter. Wir kennen ihn schon seit Langem.* ►
Das ist Peter, unser Freund, den wir schon seit Langem kennen.

1. Ich treffe heute meine Nachbarin Marie. Sie wohnt seit fünf Jahren hier.

   ....

2. Er stellt mir seinen besten Freund Martin vor. Mit ihm ist er schon seit der Kindheit befreundet.

   ....

3. Die Nachbarskinder zeigen mir ältere und neuere Mobiltelefone. Sie möchten sie verkaufen.

   ....

4. Auf dem Foto siehst du unseren tollkühnen Wellensittich Hansi. Er liebt Sturzflüge über alles.

   ....

5. Wir machen einen Ausflug mit unserer kleinen Nichte Marie. Wir haben sie sehr gerne.

   ....

6. Das Team feiert seinen besten Spieler Dominic. Er ist seit Kurzem auch Kapitän.

   ....

114 Zusammenfassende Übungen: Setze alle fehlenden Beistriche!

1. Popstar Mutter Ehefrau Schauspielerin und erfolgreiche Modedesignerin all das vereint die Tiroler Sängerin Sonja in sich.
2. Wenn die Sängerin nicht musikalisch unterwegs ist dann kümmert sie sich um ihre erfolgreiche Modelinie um ihre Schauspielkarriere oder um ihren kleinen Sohn.
3. Weil sie vor drei Jahren ihren Sohn Jamie zur Welt gebracht hatte verschwand der einstige Star für einige Zeit aus dem Rampenlicht.
4. Heute sagt sie dass sie damals etwas Abstand von der Bühne gebraucht habe.
5. Doch nun hat sie mit ihrem erfolgreichen Hit „Rock me Ötzi" ihr Comeback gefeiert.
6. Ihr neues Album beginnt zur Überraschung ihrer Fans mit einem herzhaften Jodler den man eher den Tiroler Schürzenjägern zugeordnet hätte.
7. Es enthält neben anderen alten Klassikern auch andere Stilrichtungen die man von Sonja nicht gewohnt ist.
8. Die schöne 32-Jährige hat in der Vergangenheit mit ihrer Band sowohl für romantische Balladen als auch für rockige Songs gesorgt.
9. Die schwierigen Anfangszeiten in denen sie um den Erfolg ihrer CDs bangen musste seien nun endgültig vorbei meint die Sängerin stolz.
10. Fraglich ist allerdings ob sie noch Teenager für sich begeistern kann.
11. Bei ihren Konzerten trifft man nämlich eher auf ältere Fans die kommen um ihre alten Hits live zu hören.
12. Doch Sonja ist sehr optimistisch was die Zukunft anbelangt und das ist auch gut so.

115 Zusammenfassende Übungen. Setze in folgenden märchenhaften Sätzen die nötigen Kommas!

DER GESTIEFELTE KATER

1. Ein Müller hatte drei Söhne seine Mühle einen Esel und einen Kater.
2. Die Söhne mussten mahlen der Esel Getreide und Mehl tragen und die Katze die Mäuse fangen.
3. Als der Müller starb teilten sich die drei Söhne die Erbschaft.
4. Der älteste bekam die Mühle der zweite den Esel der dritte den Kater doch weiter blieb nichts für ihn übrig.
5. Er war traurig und sprach: „Ich hab es doch am allerschlimmsten mein ältester Bruder kann mahlen mein zweiter kann auf seinem Esel reiten aber was kann ich mit dem Kater anfangen? Lass ich mir ein Paar Pelzhandschuhe aus seinem Fell machen so ist's vorbei."

6. „Hör" fing der Kater an der alles verstanden hatte was er gesagt „du brauchst mich nicht zu töten um ein Paar schlechte Handschuh aus meinem Pelz zu kriegen lass mir nur ein Paar Stiefel machen dass ich ausgehen kann und mich unter den Leuten sehen lassen dann soll dir bald geholfen sein."

7. Der Müllerssohn wunderte sich dass der Kater so sprach weil aber eben der Schuster vorbeiging rief er ihn herein und ließ dem Kater ein Paar Stiefel anmessen.

8. Als sie fertig waren zog sie der Kater an nahm einen Sack machte dessen Boden voll Korn oben aber eine Schnur daran womit man ihn zuziehen konnte. Dann warf er ihn über den Rücken ging auf zwei Beinen wie ein Mensch zur Tür hinaus und die Geschichte nahm ihren Lauf.

DER FROSCHKÖNIG

1. In den alten Zeiten wo das Wünschen noch geholfen hat lebte ein König dessen Töchter waren alle schön aber die jüngste war so schön dass sich die Sonne selber die doch so vieles gesehen hat darüber verwunderte sooft sie ihr ins Gesicht schien.

2. Nahe bei dem Schlosse des Königs lag ein großer dunkler Wald und in dem Walde unter einer alten Linde war ein Brunnen.

3. Wenn nun der Tag recht heiß war so ging das Königskind hinaus in den Wald und setzte sich an den Rand des kühlen Brunnens.

4. Wenn es Langeweile hatte so nahm es eine goldene Kugel warf sie in die Höhe und fing sie wieder.

5. Nun trug es sich einmal zu dass die goldene Kugel der Königstochter nicht in das Händchen fiel das sie ausgestreckt hatte sondern daneben auf die Erde schlug und geradezu ins Wasser hineinrollte.

6. Die Königstochter folgte ihr mit den Augen nach aber die Kugel verschwand und der Brunnen war tief und gar kein Grund zu sehen.

7. Da fing sie an zu weinen klagte immer lauter und konnte sich gar nicht trösten.

8. Und wie sie so klagte rief ihr jemand zu: „Was hast du vor Königstochter du schreist ja dass sich ein Stein erbarmen möchte."

9. Sie sah sich um woher die Stimme käme da erblickte sie einen Frosch der seinen dicken hässlichen Kopf aus dem Wasser streckte.

10. „Ach du bist's alter Wasserpatscher" sagte sie „ich weine über meine goldne Kugel die mir in den Brunnen hinabgefallen ist."

11. „Gib dich zufrieden" antwortete der Frosch „ich kann wohl Rat schaffen aber was gibst du mir wenn ich dein Spielwerk wieder heraufhole?"

12. „Was du willst lieber Frosch“ sagte sie „meine Kleider meine Perlen und Edelsteine dazu die goldne Krone die ich trage.“

13. Der Frosch antwortete: „Deine Kleider deine Perlen und Edelsteine deine goldne Krone die mag ich nicht aber wenn du mich lieb haben willst soll ich dein Geselle und Spielkamerad sein an deinem Tischlein neben dir sitzen von deinem goldnen Tellerlein essen aus deinem Becherlein trinken in deinem Bettlein schlafen: Wenn du mir das versprichst so will ich dir die goldne Kugel wieder aus dem Grunde heraufholen.“

14. „Ach ja“ sagte sie „ich verspreche dir alles wenn du mir nur die Kugel wieder bringst.“

15. Sie dachte aber: „Was der einfältige Frosch schwätzt der im Wasser bei seinesgleichen sitzt und quakt und keines Menschen Geselle sein kann!“

16. Dass sie sich darin täuschte dass ihr leicht gegebenes Versprechen ihr noch viele Sorgen bereiten sollte ist bekannt.

DAS HÄSSLICHE ENTLEIN

1. Es war einmal eine Entenmutter die gerade ihre Eier ausbrütete.

2. Es waren genau sieben Eier in ihrem Nest und die Entenmutter freute sich schon sehr auf ihren Nachwuchs.

3. Eines Tages war es endlich soweit aus den Eiern entschlüpften sechs putzmuntere Entlein.

4. Sie waren alle wunderschön und mit einem gelben zarten Federflaum versehen.

5. Nur das siebte Ei lag noch immer unversehrt in dem Nest.

6. Es war größer als die anderen Eier und so sehr die Entenmutter auch darüber nachdachte konnte sie sich nicht erinnern wann sie es eigentlich gelegt hatte.

7. Gerade als sich die Entenmutter mit diesen Gedanken beschäftigt hatte zerbarst das letzte Ei und heraus kam ein graues Entenküken das seine Mutter verwundert ansah.

8. Die Tage vergingen wie im Flug die sechs Entenkinder wuchsen schnell heran und lernten jeden Tag etwas Neues.

9. Nur das letzte siebente Entlein bereitete ihr Sorgen denn es war nicht nur unbeholfen und tollpatschig sondern zudem auch noch sehr sehr hässlich.

10. Die Tiere auf dem Bauernhof verspotteten das graue Entlein und niemand wollte mit ihm spielen. Auch der Entenmutter bereitete es große Sorgen und traurig jammerte sie: „Alle meine Kinder sind so hübsch und klug nur das letzte Entlein ist so hässlich geraten!“

11. Dennoch hatte die Entenmutter auch dieses Entlein sehr lieb und so versuchte sie immer wieder es zu trösten.

12. Dann sprach sie zu ihm und fragte es traurig: „Mein kleines armes Entlein warum bist du nicht wie deine Geschwister warum kannst du nicht so sein wie sie?“

13. Doch auf diese Frage wusste niemand eine Antwort weder die Geschwister noch die Mutter und schon gar nicht das hässliche Entlein selbst.

14. Auch dem kleinen hässlichen Entlein war es nicht entgangen dass es anders als seine Geschwister war und niemand auf dem Bauernhof etwas mit ihm zu tun haben wollte.

15. Es fühlte sich einsam traurig und alleinegelassen.

16. Nachts wenn seine Geschwister und all die anderen Tiere auf dem Bauernhof friedlich schliefen weinte das kleine Entlein heimlich vor sich hin und fand keinen Schlaf.

17. Die Wochen und Monate vergingen und seine Einsamkeit wurde ebenso größer wie das Gespött der anderen Tiere auf dem Bauernhof.

18. Eines Morgens das kleine Entlein hatte wieder einmal die ganze Nacht geweint entschloss es sich einfach davonzulaufen.

19. Es konnte den Spott und die Häme der anderen nicht mehr ertragen.

20. Auf dem Bauernhof schliefen noch die Tiere und das kleine Entlein machte sich auf den Weg.

21. Das glückliche Ende das du bestimmt kennst dass nämlich aus dem hässlichen Entlein ein schöner stolzer Schwan wird kommt erst später.

GOLDMARIE UND PECHMARIE

1. In vielen Märchen wird erzählt dass es dem Guten und Fleißigen schlecht ergeht während der Böse und Faule alles bekommt.

2. Wenn du denkst ich meine jetzt Harry Potter und seinen Stiefbruder Dudley so liegst du knapp daneben.

3. Hier geht es um ein Mädchen namens Marie das täglich spinnen musste bis ihm die Finger blutig wurden.

4. Als ihm eines Tages die Spindel in den tiefen Brunnen gefallen war zwang die böse Stiefmutter Marie dass sie hinterhersprang.

5. Es ist bekannt wo sie landen sollte im idyllischen Reich der Frau Holle die Marie sogleich in ihre Dienste nahm.

6. Als Marie nach einer gewissen Zeit von Heimweh geplagt wurde gab ihr Frau Holle die Spindel zurück zeigte ihr den Weg und überschüttete sie noch mit viel Gold.

7. Wir wissen dass ihre Stiefschwester vor Neid erblasste.

8. So viel Ruhm und Reichtum stünden auch ihr zu meinte sie.

9. Getrieben von Gier und dem Wunsch sich ebensoviel Gold zu holen machte sie sich auf den Weg dorthin woher ihre Schwester so reich beschenkt heimgekommen war.

10. Es sollte jedoch ganz anders kommen als sie dachte aber ein besonderer Platz in der Märchenwelt ist ihr sicher.

11. Pech gehabt Marie!

KAPITEL 4: Verdopplung von Konsonanten/Schärfung

EINFACH KOMPAKT

- Nach einem **kurz gesprochenen Vokal** (Selbstlaut) werden **Konsonanten verdoppelt.** Das betrifft: *bb, dd, ff, gg, ll, mm, nn, pp, rr, tt; ss* (► KAPITEL 2: s-Schreibung)
- Folgt auf den kurzen Vokal ein ***k*** oder ein ***z***, so wird in **deutschen Wörtern** immer ***ck*** und ***tz*** geschrieben (statt *kk* und *zz*). In manchen **Fremdwörtern** findest du auch *kk, zz*: *Mokka, Jazz ...*
- Nach einem **einfachen Konsonanten** (*m, r, n ...*) wird ein **weiterer Konsonant nie verdoppelt:** *Hanf, Zorn, Arzt, krank.*
  Daher auch der Merkspruch: *„Nach l, n, r, das merke ja, steht nie tz und nie ck!"*

WICHTIG! Achte darauf, wie das Wort im Infinitiv oder in der Grundform geschrieben wird. Gemäß dem **Stammprinzip** werden alle Mitglieder der Wortfamilie ebenso geschrieben:
hoffen ► *du hoffst, rennen* ► *er rannte, das Rennpferd; Schiff* ► *Schifffahrt, essen* ► *Essstörung*
Kommen drei gleiche Konsonanten zusammen, werden sie übrigens immer alle geschrieben (Ausnahmen nur: *dennoch, Mittag*).

116 **Kurzer oder langer Vokal? Lies die Wörter laut und konzentriere dich auf den fettgedruckten Vokal. Wird er kurz ausgesprochen, folgt ein Doppelkonsonant, wird er lang ausgesprochen, folgt ein einfacher Konsonant. Setze richtig ein.**

Beispiel: *Kabel* (a wird lang gesprochen) – *Krabbe* (a wird kurz gesprochen)

1. die Garder**o**......e – r**o**......en (b/bb)
2. kr**a**......eln – gr**a**......en (b/bb)
3. gr**o**...... – das H**o**......y (b/bb)
4. schr**u**......en – die Sch**u**......kraft (b/bb)
5. der P**u**......ing – der P**u**......el (d/dd)
6. die L**a**......e – das P**a**......el (d/dd)
7. der W**i**......er – immer w**ie**......er (d/dd)
8. r**e**......en – der T**e**......ybär (d/dd)
9. der **A**......enzirkus – der Schl**a**......(f/ff)
10. die Kar**a**......e – das Sch**a**......(f/ff)
11. der **O**......en – **o**......en gesagt (f/ff)
12. das Gefl**ü**......el – fl**ü**......e (g/gg)
13. das Schl**a**......obers – der W**a**......on (g/gg)
14. der Schm**u**......ler – der Fl**u**...... (g/gg)
15. der W**a**......fisch – der Schutzw**a**...... (l/ll)
16. v**o**......ständig – das F**o**h......en (l/ll)
17. der Kn**ü**......er – abk**ü**h......en (l/ll)
18. **a**......mählich – die W**a**h...... (l/ll)
19. der H**a**......er – l**a**h...... (m/mm)
20. entfl**a**......en – die D**a**......en (m/mm)
21. der R**ie**......en – erkl**i**......en (m/mm)
22. die Teek**a**......e – der H**a**h...... (n/nn)
23. beg**i**......en – der B**ie**......enstock (n/nn)
24. der H**o**......ig – sich s**o**......en (n/nn)
25. die P**a**......el – J**a**......an (p/pp)
26. p**ie**......sen – der T**i**...... (p/pp)
27. die St**o**......tafel – der **O**......el (p/pp)
28. die Zig**a**......e – das H**aa**...... (r/rr)
29. die Handelsw**a**......e – der Pf**a**......er (r/rr)
30. verw**i**......en – w**i**...... sind froh (r/rr)
31. das W**a**......enmeer – der K**a**......er (t/tt)
32. der P**a**......e – die L**a**......e (t/tt)
33. der L**i**......er – er l**i**...... (t/tt)
34. der R**a**......en – die Hunder**a**......e (s/ss)
35. r**ie**......ig – r**i**......ig (s/ss)
36. die Fl**ie**......e – befl**i**......en (s/ss)

117 Lies wieder laut und setze richtig ein!

d/dd

1. ein Te......y zum Knu......eln
2. Meine Wa......en tun mir weh.
3. we......er du noch ich
4. Es hat sich verhe......ert.
5. Re......en wir darüber!
6. wie die Ma......en im Speck
7. mit dem Schicksal ha......ern
8. Pu......ing mit Erdbeersoße
9. Das Buch ist zerfle......ert.
10. Wi......erstand leisten
11. im Sternzeichen Wi......er sein
12. eine schmu......elige Hose tragen
13. im Sand bu......eln
14. Sonnen ba......en

b/bb

1. ein leises Blu......ern hören
2. nicht mit Lo...... sparen
3. sich am Buffet la......en
4. das Geräusch vere......t
5. in den Tag hinein le......en
6. das Erdbe......en fürchten
7. ein leichtes Kri......eln verspüren
8. auf dem Boden kra......eln
9. altes Brot kna......ern
10. ein Ru......ellos kaufen
11. Hier rollt der Ru......el.
12. schwa......elig aussehen
13. die Ra......en beobachten
14. etwas vor sich hin bra......eln

f/ff

1. einen Ka......ee trinken
2. ho......nungslos verliebt sein
3. jemanden anru......en
4. alles im Gri...... haben
5. die Rei......en wechseln
6. ra......iniert sein
7. eine Zigarre pa......en
8. den E......ekt hervorrufen
9. Der O......en ist aus.
10. o......en gesagt
11. unterm Panto......el stehen
12. einen Betre...... anführen
13. jemandem den Ho...... machen
14. das Geschwa......el nicht ertragen

g/gg

1. täglich eine Runde jo......en
2. flü......e werden
3. heimlich Ware schmu......eln
4. wie im Flu...... vergehen
5. Das ist völli...... lo......isch.
6. nur Ro......enmehl verwenden
7. die Deutsche Do......e
8. den Ball abschla......en
9. einen Bo......en um etwas machen
10. eine Wo......e an Begeisterung auslösen
11. jemanden betrü......en
12. das Zelt bela......ern
13. eine Grube ausba......ern
14. Es na......t an mir.

l/ll

1. jemandem die Hö......e heiß machen
2. frischen Ho......er pflücken
3. Getränke ho......en
4. den Baum aushöh......en
5. zum Schlag ausho......en
6. Vani......ekipferl backen
7. ein Protoko...... führen
8. mit Bri......e lesen
9. der letzte Wi......e
10. bei Nu...... beginnen
11. aus Schurwo......e gestrickt
12. eine Po......ena......ergie haben
13. in eine Fa......e tappen
14. ein Aquare......bild ma......en

m/mm

1. laut tro...........eln
2. die Situation verschli...........ern
3. eine lah...........e Ente
4. nach Ro........... fahren
5. sie ka...........en in Schwierigkeiten
6. leise wi...........ern
7. das Auto ra...........en
8. ein Bild rah...........en
9. den Zigarettenstu...........el aufheben
10. vor dem Ka...........in sitzen
11. das Haar kä...........en
12. halbseitig geläh...........t
13. die Nu...........er eins sein
14. den Na...........en einsetzen

n/nn

1. in der So...........e liegen
2. den Bie...........enho...........ig kosten
3. in den I...........enhof schauen
4. auf dem Land woh...........en
5. ohne We........... und Aber
6. we........... schon, de........... schon
7. we...........ig Haare haben
8. wah...........si...........ig werden
9. Ich danke Ih...........en.
10. bi...........en drei Wochen
11. der europäische Bi...........enmarkt
12. auf eine Sanddü...........e klettern
13. de........... Witz schon ke...........en
14. etwas beschö...........igen

p/pp

1. die Sto......tafel übersehen
2. mit dem Finger ti......en
3. unter Do......ingverdacht stehen
4. das Gewicht verdo......eln
5. an dem Getränk ni......en
6. den Eimer umki......en
7. ein lu......enreines Alibi haben
8. mit Pu......en spielen
9. die Pu......illen erweitern
10. einen kna......en Kommentar abgeben
11. die Sternschnu......e beobachten
12. hu......en verboten
13. unter den Te......ich kehren
14. völlig im Dunkeln ta......en

r/rr

1. wi......es Zeug reden
2. die Behe......schung verlieren
3. sta...... vor Angst sein
4. in die Tiefe boh......en
5. das Gras wachsen hö......en
6. jemanden verhe......lichen
7. ein kna......endes Geräusch
8. ein he......licher Tag
9. ziellos he......umlaufen
10. be......ühmt werden
11. das Gu......en der Tauben
12. eine haa......ige Angelegenheit
13. er ha......t der Dinge
14. einen Ha......em haben

t/tt

1. ein Lo......erleben führen
2. in der Lo......erie gewinnen
3. ein Haus auf Ra......en zahlen
4. einen Ra......enköder auslegen
5. Zimmer, Küche, Kabine......
6. zur Prüfung antre......en
7. am Ma......erial sparen
8. eine Liegema......e mitbringen
9. Wir pro......estieren!
10. ro......e Rosen
11. eine Maro......e haben
12. in einem Buch blä......ern
13. im Wasser wa......en
14. das Vaterunser be......en

118 Korrigiere die falschen Schreibungen!

1. Er hat nur die halbe Miette bezahlt.
2. Ein Schnurrlostelefon ist sehr praktisch.
3. Was für ein herlicher Tag!
4. Hast du dich schon wieder verplapert?
5. Heute hat Julian seinen Fotoapparat mitgenommen.
6. Die Videokammera hat er aber zuhause gelasen.
7. Er ist nicht mehr Her der Lage.
8. Sei doch bitte nicht so starrsinig!
9. Würze die Suppe mit Kümmel und Pfeffer!
10. Du solltest dich wirklich schämmen!
11. Im Urlaub sind wir auf einem Kammel geritten.
12. Sie sabert beim Trinken.
13. Er ist ganz schön rafiniert.
14. Wir haben frittierte Madden gegesen.
15. Diesen Efekt wollte ich erzielen.

119 Verben mit Doppelkonsonanten: Ergänze die fehlenden Verbformen!

rennen	rannte	gerannt
	kannte	
		gekonnt
jammern		
		geflimmert
	schlummerte	
verschiffen		
	schaffte	
		verpufft
paddeln		
	schwabbelte	
		gekribbelt
verheddern		
	knabberte	
		gehofft
	paffte	
		gelöffelt
schmuggeln		
	baggerte	
		gejoggt
		gehallt
erfüllen		
	fällte	
harren		
		gestarrt
	irrte	

120 ***ck*: Schreibe die durcheinandergeratenen Nomen richtig auf und bilde mit jedem Nomen einen Satz!**

der Blickjause, der Rückenhocker, der Eisbank, das Sackbock, die Dreckkontakt, die Speckpanzer, der Ziegenschleuder, die Eckpickel, der Barhüpfen

....

....

....

....

121 ***tz*-Wortfamilien: Finde möglichst viele verwandte Wörter!**

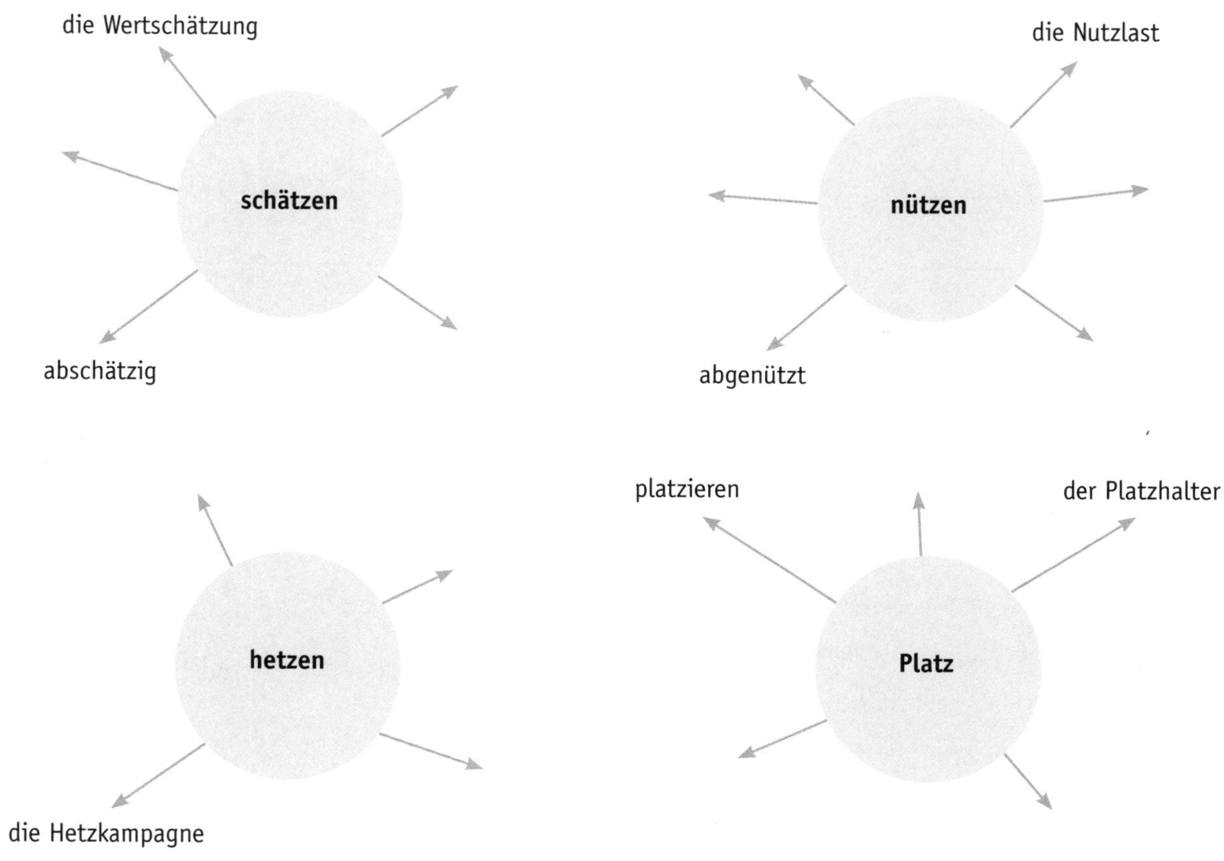

122 **„*tzen*-Meditation" ... Setze die Verben richtig zusammen und bilde je einen Satz!**

glit-, pet-, het-, spit-, kit-, einrit-, pat-, schät-	*zen zern zen zeln zen zen zen zen*

....

....

....

....

123 *tz*: Finde mindestens je drei Reimwörter!

1. die Katzen: ....
2. petzen: ....
3. spitzen: ....

124 *z, zz* oder *tz*? Ordne die Wörter richtig zu!

heizen, die Razzia (= polizeiliche Durchsuchung), *brutzeln, das Brezel, hetzen, die Kapuze, die Polizze* (= Versicherungsurkunde), *die Matratze, das Puzzle, witzig, verpetzen, das Malzbier, das Mezzanin* (= Zwischengeschoß), *sich schnäuzen, schmatzen, letztklassig, die Notiz, der Blizzard* (= Schneeorkan), *der Schmarotzer, der Kauz, die Pizza, das Intermezzo* (= lustiger Zwischenfall), *das Spatzennest, das Rezept, die Schnauze, der Jazz, duzen, der Lipizzaner, spritzen, nützen, das Putzmittel, das Indiz* (= Anzeichen)

Wörter mit *z*: ....

....

Wörter mit *tz*: ....

....

Wörter mit *zz*: ....

....

125 Setze nun die richtigen Wörter von oben ein!

1. Bei der letzten R.......... konnten viele Drogen sichergestellt werden.
2. Hörst du gerne J..........musik?
3. Deine Nase läuft – du solltest dich sch..........!
4. Der Hund ist auf die Sch.......... gefallen.
5. In der Fastenzeit essen wir oft Br...........
6. Die alte Ma.......... ist schon durchgelegen, wir sollten sie auswechseln.
7. Das R.......... für den Marillenkuchen habe ich von meiner Mutter bekommen.
8. Ich habe nichts dagegen, wenn wir uns du...........
9. Bei dem Bl.......... kamen fünf Menschen ums Leben.
10. Am liebsten trage ich meinen blauen Pulli mit der K...........
11. Unser Nachbar ist ein komischer K...........
12. Bei diesen frostigen Temperaturen müssen wir schon im Oktober h...........
13. Er hat mir auf einem kleinen Zettel diese N.......... hinterlassen.
14. In Wien haben wir uns die L.......... in der Spanischen Hofreitschule angesehen.
15. Die letzte Stunde war wirklich w...........

126 *k, kk* oder *ck*? Ordne richtig zu!

das Akkordeon, die Perücke, der Packesel, der Akkusativ, der Ackerbau, die Akustik, einhaken, der Spuk, die Spucke, das Funkgerät, der Mokka, das Sakko, der Haken, der Alkohol, das Backpapier, Marokko, die Stechmücke, lückenhaft, die Häkelnadel, die Hacke, das Laken, die Luke, der Lockenstab, der Minirock, die Attacke, wackelig, die Baracke, prickelnd, blöken, spuken, spucken

Wörter mit *k*: ....

....

Wörter mit *ck*: ....

....

Wörter mit *kk*: ....

....

127 Setze nun wieder richtig ein!

1. Mein Bruder lernt seit fünf Jahren A.................................... in der Musikschule.
2. Nach der Narkose war er noch w.................................... auf den Beinen.
3. Hast du das Hemd und das S.................................... eingepackt?
4. Bei einem Windstoß stellte sich heraus, dass unser Lehrer eine P.................................... trug.
5. Die Präposition „ohne" verlangt den A.....................................
6. In diesem Sommer gibt es besonders viele Stechm.....................................
7. Ziegen meckern und Schafe b.....................................
8. Es wird erzählt, dass es in diesem Haus s.....................................
9. Hier muss ich einh.................................... – wie hast du das gemeint?
10. In diesem Raum ist die A.................................... besonders gut.
11. Nach dem Krieg haben meine Großeltern in einer B.................................... gewohnt.
12. Deine Ausführungen sind leider sehr lü.....................................
13. Da bleibt einem ja die S.................................... weg!
14. Mein Vater trinkt morgens ein Tässchen italienischen M.....................................
15. Die Menschen leben in dieser Region hauptsächlich von Viehzucht und A.....................................

128 Nach *l, n, r* – das merke ja – kommt nie *tz* und nie *ck*! Finde jeweils mindestens zwei verwandte Wörter:

Beispiel: *der Pelz* ► *das Pelztier, pelzig*

1. stürzen: ……………………………………………
2. der Arzt: ……………………………………………
3. die Kerze: ……………………………………………
4. walzen: ……………………………………………
5. glänzend: ……………………………………………
6. die Schanze: ……………………………………………
7. stark: ……………………………………………
8. Schmalz: ……………………………………………
9. welken: ……………………………………………
10. die Wolke: ……………………………………………
11. die Molkerei: ……………………………………………
12. die Warze: ……………………………………………
13. hinken: ……………………………………………

129 Setze die obigen Wörter richtig ein.

1. Dieser Vergleich hi…………….
2. Die Zunge fühlt sich pel……………. an.
3. Er ist zu Boden gestü…………….
4. Konsultieren Sie schnellstens einen A…………….!
5. Wo liegen deine Stä…………….?
6. Wir haben eine Ke……………. angezündet.
7. Sie ist über die hohe Scha……………. gesprungen.
8. Eine Wa……………. hat alles platt gemacht.
9. Leider sind die Rosen schon we…………….!
10. Ich esse gerne Schm…………….brot mit Zwiebel.
11. Hast du schon einmal ein W…………….schwein gesehen?
12. Seit Kurzem schwebt er auf W……………. sieben.
13. Danke der Nachfrage, es geht mir gl…………………………!

KAPITEL 5: Schreibung langer Vokale/Dehnung

EINFACH KOMPAKT

Zur Bezeichnung langer Vokale gibt es grundsätzlich zwei Möglichkeiten: **mit** oder **ohne Dehnungszeichen.**

- Zur Kennzeichnung von **langen Selbstlauten** finden sich:
  - **Doppelvokale** (*aa, oo, ee*): *Saat, Moos, Teer*
  - **Dehnungs-h** (stummes h): *dehnen, Sehne*
  - **langes i** (selten steht für langes „i" auch *ieh* oder *ih*): *Miene; Vieh, ihm, ihn*

- Meist genügt aber der **einfache Selbstlaut**, um einen langen Vokal anzuzeigen: *malen, nämlich, her, Lid, Ton, Getöse, Urzeit, spülen* (langer i-Laut **ohne Dehnungszeichen ausnahmsweise** bei: *mir, dir, gib*)

- **Vorsilben** (*Ur-*) und **Endungen** (*-bar, -sal, -sam, -tum*) haben keine Dehnungszeichen: *Urwald, offenbar, Schicksal, einsam, Balsam*

- **Zwielaute** (*ei, ai, eu, äu, au*) gelten automatisch als **lang**. Auf sie kann daher auch nie ein Doppelkonsonant folgen (*Reif, Kaiser, heute, Häute, draußen*).

Wichtig! Beachte das Stammprinzip:
mehr ► *Mehrzahl, vermehren; Sohle* ► *versohlen, Talsohle;*
aber: hören ► *Hörsaal, verhören, Zuhörerin*

130 *aa, oo, ee*: Ordne die Wörter richtig zu!

leer, das Moos, das Lorbeerblatt, seelisch (aber: selig!), *die Saat, die Fee, das Meer, der Maat* (= Unteroffizier auf Schiffen), ein paar, *die Orchidee, das Haar, das Heer, der Jeep, der Staat, die Armee, der Saal, das Püree, der Aal, das Boot, der Barkeeper, das Moor, der Tee, der Klee, die Seele, die Allee, das Gelee, das Paar, das Karree* (= Viereck, Fleischstück), *die Moschee, die Tournee* (= Gastspielreise), *die Idee, der Schnee, die Beeren, verheerend, der Teer* (= zähflüssiger Stoff), *die Waage, der Spleen* (= verrückte Eigenheit), *der Zoo, der Kaffee, das Aas, die Reederei* (= Schifffahrtsunternehmen)

Wörter mit *aa*: ....

....

....

Wörter mit *ee*: ....

....

....

....

Wörter mit *oo*: ....

....

....

131 Wörter mit Dehnungs-h: Finde jeweils mindestens zwei verwandte Wörter!

Beispiel: *nähen* ► *die Naht, die Nähmaschine, nahtlos, vernähen*

1. zähmen ► ....
2. fehlen ► ....
3. erwähnen ► ....
4. drohen ► ....
5. besohlen ► ....
6. belohnen ► ....
7. aushöhlen ► ....
8. sprühen ► ....
9. fahren ► ....
10. rühmen ► ....

132 Erkennst du die Wörter mit *ie*?

1. die der-hol-wie-ung: ....
2. das gel-sie: ....
3. die ehr-ger-sie-ung: ....
4. der ger-trä-brief: ....
5. die men-se-blu-wie: ....
6. die mo-de-tie-kra: ....
7. die pe-bel-zwie-sup: ....
8. der ma-mies-cher: ....
9. das rad-sen-rie: ....
10. die lings-be-lieb-far: ....

133 Verbinde die zusammenpassenden Wortteile und schreibe die Nomen auf!

Bier		Stiel	....
Lieder		Spiel	....
Besen		Glas	....
Ziel	+	Sonate	....
Mienen		Sammlung	....
Klavier		Einlauf	....

134 Verben mit *ie*: Setze die fehlenden Verbformen ein!

Infinitiv	Präteritum/Mitvergangenheit	2. Partizip/Mittelwort
vermeiden	vermied	vermieden
anpreisen		
verweisen		
sich herumtreiben		
schreiben		
reiben		
rieseln		
sich verlieben		
sieben		
vermiesen		
aufspießen		
zielen		
verbleiben		

135 Verben mit *ie* + *h*: Setze die passenden Formen ein!

Infinitiv	Präteritum/Mitvergangenheit	2. Partizip/Mittelwort
verzeihen	verzieh	verziehen
gedeihen		
leihen		
wiehern		

136 Wörter mit *ie* + *h*: Setze die fehlenden Buchstaben ein!

1. Der V.........trieb beginnt im Frühling.
2. Das W.........ern des Pferdes kann man von Weitem hören.
3. Jannika ist das Z.........kind meines Bruders.
4. Kannst du Z.........harmonika spielen?
5. Bei der Erz.........ung seiner Söhne ist er sehr streng.
6. Bei diesem Experiment sehen wir, wie die Fl.........kraft wirkt.
7. S.........st du, was du angerichtet hast?
8. Die Frauen und Kinder mussten aus ihren Häusern fl.........en.
9. Mach die Tür zu, hier z.........t es!

137 Schwierige Wortpaare:

A ***wieder* (= noch einmal, zurück) oder *wider* (= gegen)? Setze richtig ein!**

1. Er hat sich meinen Anweisungen ....setzt.
2. Ich muss die Übungen dreimal täglich ....holen.
3. Sie duldet keinen ....spruch.
4. Kannst du dieses Dokument ....herstellen?
5. Dieser Versuchung solltest du ....stehen.
6. Ich möchte die DVD aber morgen ....haben!
7. Fette Haare finde ich einfach ....lich!
8. Susi er......................e, dass sie keine Lust aufs Hausübungmachen habe.
9. Versuchen Sie, den Inhalt des Gesprächs ....zugeben!
10. Er sieht aus, als wäre ihm nichts Gutes ....fahren.
11. Der verlorene Schatz ist ....aufgetaucht.
12. Der Durchgang ist bis auf ....ruf gestattet.
13. Der Geldbetrag wird Ihnen selbstverständlich ....erstattet.
14. Diese Behauptung kann ich ....legen.
15. Die Arbeit habe ich mit großem ....willen gemacht.
16. Was ist denn das für ein ....wärtiger Geruch?

B ***Seele, seelisch* oder *selig* (= glücklich, nicht mit dem Wort *Seele* verwandt!)?**

1. Ihm wurden .... Qualen zugefügt.
2. Wer eine reine .... hat, hat nichts zu fürchten.
3. Der Innviertler Bauer wurde ....gesprochen.
4. Wir beide sind ....verwandt.
5. Sie muss ihr .... Gleichgewicht wiederfinden.
6. Er hat sich die .... aus dem Leib geredet.
7. Auf die Prüfung muss ich mich auch .... vorbereiten.
8. Der Reichtum wird sie nicht .... machen.
9. Das ist .... Grausamkeit!
10. Du sprichst mir aus der ....
11. Wir waren mit Leib und .... dabei.
12. Mein Vater und ich sind ein Herz und eine ....
13. Der Mann auf dem Bild ist mein Opa – Gott hab' ihn ....!

138 **Stammprinzip: Vervollständige die Tabelle stammverwandter Wörter!**

Nomen	Verb	Adjektiv/Partizip
die Wahl	*wählen*	*ausgewählt*
		kühl
der Verkehr		
	währen	
		begehrt
		vermählt
	fühlen	
die Empfehlung		
	versöhnen	
die Mehrzahl		
		ähnlich
das Gebäude		
	---------	nämlich
	schwören	
	prägen	
	---------	belämmert
		kaltschnäuzig
	einbläuen	
die Last		
	beschweren	
die Norm		
der Betrug		

139 Vor- und Nachsilben: Bilde möglichst viele Wörter mit den gegebenen Silben!

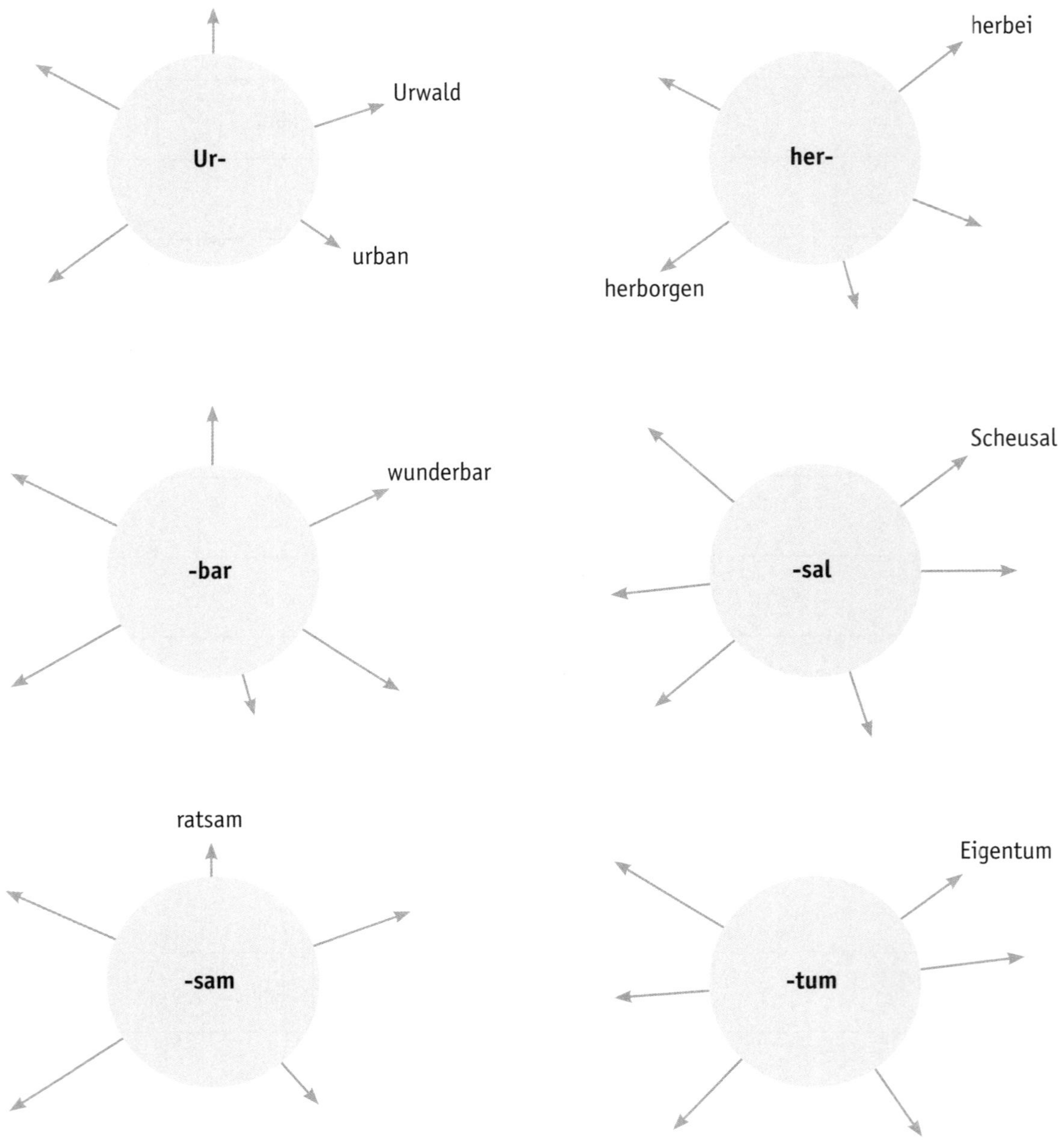

140 Achtung, schwierig! Hier sind sechs Wörter mit den obigen Vor- und Nachsilben versteckt!

1. Eine Art Salbe
2. Es ist unabänderlich
3. Es alleine macht nicht glücklich
4. Ein anderes Wort für *sonderbar*
5. Ein anderes Wort für *offensichtlich*
6. Dort gibt es eine unberührte Fauna und Flora

Tipp: Lies von links nach rechts, von oben nach unten, aber auch von unten nach oben!

R	Q	G	A	F	B	E	L	E	U	I	R	Ö	R
A	A	W	G	T	F	M	A	Z	D	A	S	Ä	E
B	A	L	S	A	M	N	S	Q	E	F	D	F	I
N	G	F	S	T	E	U	K	D	S	J	H	D	C
E	T	S	T	A	Z	O	C	R	P	J	F	L	H
F	Z	D	I	D	M	P	I	N	L	G	H	A	T
F	I	I	V	S	R	U	H	X	Ö	I	T	W	U
O	D	D	A	E	R	G	C	R	Ä	U	Z	R	M
Z	R	E	S	E	L	T	S	A	M	C	G	U	V
E	F	S	C	H	D	I	G	C	I	Ä	O	C	T

KAPITEL 6: Gleiche Laute – unterschiedliche Schreibung

EINFACH KOMPAKT **Vokallaute**

Manchmal kann ein Laut (zB der lange e-Laut) durch mehrere verschiedene Buchstabenkombinationen wiedergegeben werden (zB: *e, ee, eh, ä, äh*). Wir unterteilen in Vokallaute und Konsonantenlaute.

- **Vokallaute (= Selbstlaute)**
  - ***e, ee, eh, ä, äh:*** Wenn eine **Grundform** (Wortstamm, Infinitiv = Nennform) **mit *a*** vorliegt, ist gemäß dem Stammprinzip mit ***ä*** zu schreiben. Ist das nicht der Fall, dann gilt **allermeist** die **e-Schreibung**. Bemerkenswert: *aufwendig/aufwändig, Schenke/Schänke, überschwänglich, Stängel; ätzen, dämmern, Käfer, Lärm*
  - ***eu oder äu:*** Auch hier gilt, dass ***äu*** geschrieben wird, wenn es ein **Grundwort mit *au*** gibt. Ist das nicht der Fall, ist *eu* zu schreiben: *M**äu**se* ► *Maus, **äu**ßerlich* ► ***au**ßen*
  - ***ei – ai:*** Die Buchstabenverbindung *ai* kommt nur in wenigen deutschen Wörtern vor: *Kaiser, Hai*
  - Schreibung nach dem **Unterscheidungsprinzip**: *L**i**d (des Auges) – L**ie**d (singen); M**i**ne (Stift-, Krieg-, Berg-) – M**ie**ne (Gesicht); (Bau-)St**i**l – (Besen)St**ie**l; L**ä**rche(nholz) – L**e**rche(ngezwitscher); (Gast-)M**ah**l – (Denk-)M**a**l; **wieder** (= erneut) – **wider** (= gegen)*

141 *ä* oder *äh*? Setze richtig ein und schreibe das stammverwandte Grundwort in Klammer!

1. Jetzt bist du dran, jetzt musst du aus den dreien einen w*äh*len! (*Wahl*)
2. Dann setzte die Radfahrergruppe mit der F.......re über die Donau. (..................................)
3. Er ist jetzt n.......mlich auch der Präsident des Fußballvereins. (..................................)
4. Neben den Erfrierungen traten auch erste L.......mungserscheinungen auf. (..................................)
5. Ich werde mich bei Gelegenheit noch an dir r.......chen, ich schwör's! (..................................)
6. Die Renovierung der Burg war sehr aufw.......ndig. (..................................)
7. Sitz doch nicht so unt.......tig herum! (..................................)
8. Weißt du nicht, dass man auch das kleinste Getier nicht qu.......len darf? (..................................)
9. Der Most ist noch nicht fertig, er g.......rt noch zu stark. (..................................)
10. Patrick trug stolz das selbstgemachte F.......nchen voran. (..................................)
11. Allj.......rlich wird in Salzburg der „Jedermann" für seine Herzlosigkeit bestraft. (..................................)
12. Vor rund 15 000 Jahren begann der Mensch den Wolf zum Hund zu z.......men. (..................................)
13. Im Hafen sahen wir große Tanker, Schleppboote und unzählige kleine K.......ne. (..................................)
14. In diesem Wolf fand sie einen treuen Gef.......rten. (..................................)

142 Setze folgende Nomen/Substantive in den Plural (= Mehrzahl).

der Pfahl		das Bad	
der Garten		der Graben	
die Wand		der Schaden	
der Wald		das Lamm	

143 **Verbinde folgende Nomen/Substantive zu einer neuen Wortzusammensetzung! Unterstreiche den Doppelvokal.**

Seele	Küste	der Seelentröster
Speer	Saft	
Armee	Kranz	
Idee	Lauf	
Beere	Maschine	
Allee	**Tröster**	
Leer	Kommando	
Klee	Wurf	
Kaffee	Baum	
Lorbeer	Blatt	
Meer	Schmiede	

144 **Hier fehlt manchen Wörtern das Dehnungs-h. Finde die sieben Fehlschreibungen und schreibe die Wörter darunter richtig auf!**

der Gewerlauf – die Mathematiklehrerin – der Melsack – das Verkerschaos – der Schreibfehler – eine eisenzeitliche Hütte aus Lem – die Kele zuschnüren – angenehme Ferien – kreuz und quer – Sensucht spüren – das Ziel verfehlen – bequem – ein müdes Kamel – ihn hochleben lassen – die große Ausdenung

....

....

145 **Von welchen stammverwandten Wörtern mit *au* leiten sich folgende Wörter ab? Schreib sie auf!**

Räuber	rauben	schäumen	
Häute		erläutern	
Schläuche		betäuben	
Verkäufer		(ent)täuschen	
Geräusch		säubern	
Bäuerin		häufig	
Fäulnis		geläufig	
Sträußchen		äußerlich	
Säugling		Gräuel	
Träumer		schnäuzen	

146 Verbindungen mit *ai* sind sehr selten. Im Folgenden finden sich sieben „Kuckuckseier", die mit *ai* zu schreiben wären. Finde sie und schreibe richtig darunter auf!

Bayern – seinem – Reise – Feinheit – die Kohlmeise – der Brotleib – das Osterei – das Treining – die Lieblingsspeise – die Violinseite – Keiser Franz Joseph – Große Heie und kleine Fische – der Wonnemonat Mai – Oliver Twist im Weisenhaus – der Froschlaich – greisenhaft – schneien – der Meiskolben – die Weide

....

....

147 Setze in folgenden Sätzen die richtige Form ein!

1. Sie gehört nicht zu .... (DEHNEN/DENEN), die gleich den Kopf in den Sand stecken.

2. Komm doch mal kurz .... (HEER/HER)! **3.** „Es war die Nachtigall und nicht die .... (LERCHE/LÄRCHE)!" **4.** Diese Technik ist nichts für den .... (LEIHEN/LAIEN). **5.** Das Auge wird durch das .... (LIED/LID) vor Schmutz und Staub geschützt. **6.** Bei einem festlichen .... (MAL/MAHL) ist feierliche Kleidung erwünscht. **7.** Du willst immer .... (MEER/MEHR), du bist mit nichts zufrieden! **8.** Da brach ihm plötzlich die .... (MIENE/MINE) ab! **9.** Wir machten gute .... (MIENE/MINE) zum bösen Spiel. **10.** Dem Hammer fehlt der .... (STIL/STIEL). **11.** Was .... (WAR/WAHR) ist, werdet ihr gleich erfahren. **12.** Jeder mag auf seine .... (WAISE/WEISE) glücklich werden! **13.** Und mit einem .... (MAHL/MAL) verstummte sie. **14.** Könnten Sie mir das .... (LAIEN/ LEIHEN)? **15.** Wer zuerst kommt, ... (MAHLT/MALT) zuerst. **16.** Offenbar ist bei dieser Kaffeemühle das .... (MAHL-/MAL-)Werk defekt. **17.** .... (MAHLT/MALT) doch etwas abstrakter!

148 *„wider"* mit kurzem *i* bedeutet *„gegen"*, aber auch *„zurück"* und *„verkehrt"*. Welche sieben Wörter haben das Dehnungs-e zu Unrecht? Schreibe die Wörter richtig darunter auf! Verwende die sieben in je einem Satz!

Wiederholung – Wiederstand – wieder einmal – wiederlich – wiedererkennen – Wiedergabe – Wiederstreit – wiedersinnig – wiederum – wiederkommen – Auf Wiedersehen! – wiederspiegeln – wieder fahren – anwiedern – wiederbringen – Wiederverwertung – Wiederkehr – wiedergewinnen – Ohne Wiederrede! – immer wieder

....

....

....

....

....

EINFACH KOMPAKT — **Konsonantenlaute**

- **Konsonantenlaute (= Mitlaute)**
  - ***f, ph, v:*** Meist steht ein *f*. In wenigen Wörtern findet sich ein *v*. Beginnen Wörter mit der **Vorsilbe *ver-/vor-*** so steht immer *v*. In Fremdwörtern finden wir oft *ph*: *fertig, Falle, Frevel; Verkauf; Alphabet, Phase …*
  - ***d, t, dt, th:*** Hier ist das zugrundeliegende Stammwort zu beachten; *th* nur in Fremdwörtern: *Schmied* (Verlängerung macht *d* auch hörbar: *Schmiede*), *Jagd; Mut, Amt; Stadt, verwandt; Bibliothek …*
  - ***der Tod – tot***: Von diesen zwei Stammwörtern gibt es zahlreiche Ableitungen. Verben/Zeitwörter werden generell mit *t* geschrieben (*töten, totlachen*), Adjektive/Eigenschaftswörter mit *d* (*tödlich, todmüde;* außer: *tot!*). Bei Nomen ist der Unterschied oft hörbar (*Totenstille/Todesangst*).
  - **end-/ent-**: Wörter der Wortfamilie „Ende" schreibt man immer mit *d*. Die Vorsilbe *ent-* bedeutet meist „weg": *endlich, Endabrechnung; entlaufen, Entnahme* (Beachte: *eigentlich, versehentlich*)
  - Der **„ks"-Laut** findet unterschiedlich geschrieben: *Keks, links …; Fax, kraxeln …; Achse, Fuchs, sechs, Wachs …; flugs, rings; Tricks, zwecks*
  - Unterscheide: **Staat**(shaushalt) – **Stadt**(kapelle) – sta**tt** (dir/mir); (ihr) sei**d** – sei**t** (gestern)!

149 Setze richtig *f* und/oder *v* ein!

1. Zum Neffen meines ....aters kann ich Cousin oder ....etter sagen. **2.** Das Wort „........ieh" für Tiere gehört zu den hundert ältesten deutschen Wörtern. **3.** Auch das Wort „........re........el" für eine Rücksichtslosigkeit oder ein ....erbrechen ist schon sehr alt. **4.** ....ielleicht geht ihr das auf die Ner......en? **5.** ....orne links sind nur 1,5 bar Lu........tdruck! **6.** Das wir........t mich jetzt ....öllig aus dem Gleichgewicht! **7.** Du hörtest bestimmt auch o........t „Du musst jetzt bra........ sein!" **8.** Der Wol........ konnte die Steine so schlecht ....erdauen, daher ....ersuchte er beim Brunnen seinen Durst zu löschen. **9.** Gusta........ Gans hat immer mehr Er........olg als Donald. **10.** Julia bereitet ein ....läschchen mit Milchpul........er zu. **11.** Leg dir von der ....ollmilchschokolade einen ....orrat an! **12.** Sie lieben ....olkstümliche Musik. **13.** Wir werden das ....ormular ver........ielfältigen! **14.** Die Re........olution nahm ihren An........ang an den Uni........ersitäten. **15.** Pri........atdetekti........e leben ge........ährlich.

150 Wörter mit *th* und *ph* sind griechische Fremdwörter. Stelle die Silben richtig und schreib die Fremdwörter mit Artikel auf!

UNG-PHE-PRO-ZEI:	*die Prophezeiung*	APO-KE-THE:	....
PHE-STRO:	....	THEK-BLIO-BI:	....
UMPH-TRI:	....	TIK-MA-THE-MA:	....
BET-AL-PHA:	....	PA-SYM-THIE:	....
LO-SO-PHI-PHIE:	....	MUS-RHYTH:	....

151 Finde die vier fehlerhaften Schreibungen und schreib die Wörter richtig auf!

Alphabet – morgendlich – wissentlich – Panther – Hauptstadt – eigendümlich – Asphalt – Abgesander – Prothese – Jagdschloss – athletisch – These – Autowerkstädte – Kathode – Totentanz – tematisch

....

152 **Den richtigen Konsonanten hörst du manchmal erst in der verlängerten Form. Setze folgende Nomen in den Plural/in die Mehrzahl!**

das Schild	die Schilder	das Gesicht	
der Grad		die Jagd	
der Draht		das Gewicht	
das Fahrrad		das Amt	
das Haupt		das Hemd	
der Staat		der Herd	
der Abend		das Augenlid	
der Wind		der Freund	
die Tugend		die Saat	
die Axt		die Schlucht	

153 **Bilde mit den folgenden Wörtern Adjektive/Eigenschaftswörter auf *-lich*:**

Freund, Friede, Grund, Hand, Jugend, Kind, Land, Norden, rund, Stunde

....

....

....

154 ***tod-/töd-/tot-/töt-*? Setze die richtige Form ein. Achte auf die Groß- und Kleinschreibung!**

1. Der Filmabend gestern war ....langweilig. **2.** Wenn Blicke ....en könnten, müsste ich jetzt um mein Leben fürchten. **3.** Der Sportler erlitt durch den Sturz ....liche Verletzungen. **4.** Im Speisesaal herrschte immer ....enstille. **5.** Der Spion begab sich mit dieser Mission in absolute ....esgefahr. **6.** Der schwarze .... war im Mittelalter die Pest. **7.** Irgendwie muss man doch die Zeit ....schlagen! **8.** Dieses Nichtstun ist irgendwie ....lich. **9.** „Der .... und das Mädchen" heißt ein bekanntes Musikstück. **10.** Er konnte kein Tier ....en. **11.** Um elf Uhr abends bin ich ....müde. **12.** Das Tier stellte sich .... **13.** Keiner spricht gerne über den ....

155 Setze das passende Wort in der richtigen Form ein.

Endausscheidung, endgültig, endlich, laufend, entledigen, entdecken, entmutigen, entlang, eigentlich, Entscheidung

1. Die Jugendlichen bummelten des Nachts den Fluss .... und .... sich des Mülls trotz vorhandener Mistkübel in der Natur. **2.** Doch was mussten wir da ....? **3.** Lass dich nicht durch die anderen ....! **4.** Unsere Gruppe kam in die .... des Schulband-Wettbewerbs. **5.** Das ist jetzt .... die letzte Nummer, die wir heute spielen. **6.** Wann kommst du .... nach Hause? **7.** Wir bekommen .... frische Fische geliefert. **8.** Das ist jetzt .... nicht das Thema! **9.** Wir müssen auf jeden Fall eine .... herbeiführen.

156 Fünf Wörter sind hier falsch. Finde sie und schreib sie richtig auf!

Achse, abwechseln, allerdinks, augenblicks, Büchse, Dachs, exerzieren, eggsplodieren, Faxgerät, rings, Fux, Gewächs, flugs, Knicks, Leksikon, Luxus, mixen, neuerdings, Ochse, Praksis, wechseln, Wuchs, Sexualität

....

....

157 Bilde von folgenden Wörtern jeweils die 2. Person Einzahl!

versinken	*du versinkst*	sagen	
liegen		tragen	
wiegen		geben	
lügen		trinken	
winken		legen	

158 *„seid"* oder *„seit"*? Setze richtig ein!

1. Ihr .... mir ja die Richtigen!
2. .... ihr die Heiligen Drei Könige?
3. .... wir uns das letzte Mal gesehen haben, sind Jahre vergangen.
4. .... diesem Tag wohne ich hier alleine.
5. .... ihr auch noch so nett, wir trauen euch nicht!
6. Ihr fahrt nach Italien auf Urlaub, ... ich mich erinnern kann.
7. .... die Stadt fahrlässige Hundehalter bestraft, sind wieder weniger Häufchen auf dem Spielplatz zu finden.
8. .... nur misstrauisch und vorsichtig, ihr habt allen Grund dazu!

KAPITEL 7: Schreibung von Fremdwörtern

EINFACH KOMPAKT

Sogenannte Fremdwörter machen deshalb beim Schreiben manchmal Probleme, weil man sich an eine fremdsprachliche Schreibweise halten muss, zB *Butler* („batla"), *Latte Macchiato* („latte makjatto"), *Milieu* („miljö"). Häufige Laut-Buchstaben-Zuordnungen aus den einzelnen Sprachen muss man sich einfach merken!

- **Englische Fremdwörter**, die auf *-y* enden, erhalten im Deutschen ein Plural **-s**: *das Baby – die Baby**s***
- **Zweiteilige englische Begriffe mit Adjektiv und Nomen** werden getrennt und jeweils groß geschrieben: *Hot Dog/Hotdog, Top Ten*. Ist eine gemeinsame Aussprache mit Hauptbetonung auf dem ersten Teil möglich, darf auch zusammengeschrieben werden: *Longdrink* neben *Long Drink*.
- **Aus zwei Nomen zusammengesetzte Fremdwörter** können auch mit Bindestrich geschrieben werden: *Sciencefiction/Science-Fiction, Airconditioning/Air-Conditioning*
- Griechische Fremdwörter/Internationalismen mit den Bestandteilen ***phon***, ***photo*** oder ***graph*** dürfen auch mit *f* geschrieben werden: *Grammophon/Grammofon; Photofinish/Fotofinish; Biographie/Biografie, Photograph/Fotograf*
- Beachte die **Doppelformen**: *Delphin/Delfin, Joghurt/Jogurt, Spaghetti/Spagetti, Panther/Panter; Potential/potentiell* neben *Potenzial/potenziell* (weil Stammwort *Potenz*); *existentiell/existenziell* (weil Stammwort *Existenz*); *Exposé/Exposee; Boutique/Butike(!), Coupon/Kupon(!), Nougat/Nugat*

159 Setze folgende Wörter aus dem Griechischen und Lateinischen richtig ein! Unterstreiche die Stelle im Wort, die du dir besonders merken willst!

Stadion – Operation – kolossal – Nervosität – Fabrik – Lektüre – Rhythmus – parallel – Sympathie – Analyse

1. Die Menschen mussten damals in den .... bis zu 15 Stunden arbeiten.
2. .... gelungen, Patient tot!
3. Es war ein gewisse .... im Publikum zu spüren.
4. Von Anfang an war da eine .... zwischen den beiden.
5. Die Idee mit der Fahrrad-Drive-In ist wirklich ....!
6. Die beiden Geraden sind .... zur x-Achse.
7. Immer schön im .... bleiben, meine Damen und Herren!
8. Mit über 35 000 Zuschauern ist das .... heute ausverkauft.
9. Bei der .... der Betriebsanleitung kam er ins Stutzen.
10. Die .... des Hamburgers brachte Spuren von Reifengummi zutage.

160 Bei folgenden Fremdwörtern aus dem Französischen fehlen jeweils ein oder zwei Buchstaben. Setze richtig ein!

1. S........venirs aus Italien **2.** ein Wildrag........t **3.** ein hohes Nive........ **4.** T........ristenfalle **5.** meine C........sine Rachel **6.** das Pal........s Schwarzenberg **7.** der Champa........er **8.** sich auf sicheres Terr........n begeben **9.** Jagds........son eröffnet! **10.** eng um die T........lle **11.** die Kehrseite der Med........lle **12.** der Gartenpavill........n **13.** die Monta........e **14.** brill........nte Ideen **15.** der Herr Ingeni........r **16.** sich mit etwas arran........ieren **17.** auf der 5. Eta........e **18.** ein blinder Passa........ier aus schwierigem Mili........ **19.** ein Reserv........r **20.** das Desi........ **21.** das Desser........ **22.** das Fast-Food-Restaur........nt **23.** im gemütlichen Faut........il sitzen **24.** ein ....armanter Mensch **25.** sich für etwas ....ngangieren **26.** eine Zeitungsanno........e aufgeben **27.** der J........rnalist **28.** das Rendezv........s

161 Setze folgende Nomen in den Plural (= Mehrzahl)!

das Baby	die Babys	der Atlas	
das Hobby		das Konto	
die Rallye		das Risiko	
der Test		die Lady	
das Billett		der Radius	
der Rhythmus		die Story	

162 Um welches französische Wort mit einem „sch"-Laut handelt es sich? Du findest die Wörter auch in der Wortschlange!

JuryEtageGarageBandageIngenieurMontageJournalismusSpionageChargeLogeGenieCharmeJalousie

1. Auf- oder Zusammenbau (einer Maschine): die ....
2. Fensterschutz, Rollladen: die ....
3. Preisrichter(-runde): die ....
4. Portier-/Theaterraum: die ....
5. (Bau-)Techniker: der ....
6. überdachter Autoabstellplatz: die ....
7. militärischer Rang: die ....
8. Auskundschaftung fremder Interessen: die ....
9. Stockwerk: die ....
10. äußerst begabter, schöpferischer Mensch: das ....
11. medizinischer Stütz- oder Schutzverband: die ....
12. Zeitungs-/Pressewesen: der ....
13. liebenswürdige Wesensart: der ....

163 Welche der folgenden Doppelschreibungen sind korrekt? Achte auch auf die Betonung. Streiche die falschen Varianten durch!

1. Airconditioning/Air-Conditioning 2. Sciencefiction/Science-Fiction 3. Midlifecrisis/Midlife-Crisis 4. Longdrink/Long-drink 5. Hotspot/Hot Spot 6. Hotdog/Hot Dog 7. Highlife/High-life 8. High Society/Highsociety 9. Top Ten/Topten 10. Mountainbike/Mountain-Bike 11. Cheeseburger/Cheese-Burger 12. Soft Drink/Softdrink 13. Hard Ware/Hardware 14. Blue Jeans/Bluejeans

164 Bei Nominalisierungen von Verb und Partikel aus dem Englischen steht gewöhnlich ein Bindestrich, zB *das Black-out*. Daneben ist auch Zusammenschreibung (zB *Blackout)* möglich, wenn die Lesbarkeit nicht beeinträchtigt wird. Welche Schreibungen sind daher im Folgenden falsch?

1. der Count-down/der Countdown 2. das Drivein-Restaurant/das Drive-in-Restaurant 3. das Make-up/das Makeup 4. das Making-of/das Makingof 5. das Sit-in/das Sitin 6. das Come-Back/das Comeback 7. das Knock-out/das Knockout 8. das Stand-by/das Standby 9. das Give-away/das Giveaway 10. das Coming-out/das Comingout 11. der Drop-out/der Dropout 12. das Managementbuyout/das Management-Buy-out

165 Zurück zu den griechischen Wortbestandteilen *phon/fon – graph/graf – phot/fot:* Ergänze die Fremdwörter und schreibe in Klammer jeweils die mögliche Alternativschreibung!

1. In Zeiten moderner Technologien ist die Steno.............. (..) bedeutungslos.
2. Du musst das Mikro.............. (..) knapp unter den Mund halten!
3. Die Prager Schule der ....graphie (..............grafie!) ist weltberühmt.
4. Die ....ische (..............ische) Gestaltung des Buches ist äußerst ansprechend.
5. Dies ist ein Übungsbuch für die deutsche Ortho.............. (..).
6. Blumen leisten durch die ....synthese (..) einen wichtigen Beitrag.
7. In vielen Krimis kommen ....ologen (..) vor.
8. Die ....etik (..) ist die Wissenschaft von der Lautbildung.

166 Setze das richtige Fremdwort ein. Entscheide dich für eine Schreibvariante!

exponentiell/exponenziell – existentiell/existenziell – potentiell/potenziell – Delfin/Delphin – Potential/Potenzial

1. Flipper war einer. Sie gehören zu den klügsten Tieren: Ich meine ....
2. Die Vermehrung der Bakterien beruht auf dem Gesetz .... Wachstums.
3. Wir haben es mit mehreren .... Tätern zu tun.
4. Das ist aber eine .... wichtige Frage für die Bevölkerung!
5. Er sieht hier das .... für einen wichtigen neuen Absatzmarkt.

KAPITEL 8: Getrennt- und Zusammenschreibung

EINFACH KOMPAKT **Allgemein**

- Zwei selbstständige Wörter haben eine **eigene Betonung** und sind immer mit einem **Abstand** voneinander getrennt. **Im Zweifelsfall ist jedenfalls getrennt zu schreiben.**
- Wenn aus zwei Wörtern ein neues entsteht, sprechen wir von einer **Zusammensetzung:** *Bauernhof* (Nomen + Nomen), *Schreibtisch* (Verb + Nomen), *Fernheizung* (Adjektiv + Nomen); *davonlaufen* (Adverb + Verb), *reinwaschen* (Adjektiv + Verb)
- Während Bestandteile einer **Zusammensetzung zusammengeschrieben** werden, schreibt man Teile einer **Wortgruppe** (benachbarte Wörter, die sich aufeinander beziehen) **getrennt:** *im Dunkeln tappen, nach Hamburg fliegen, die Nerven verlieren*
  Beachte: Haben zwei Wörter eine **gemeinsame Betonung auf dem ersten Glied**, so ist es meist eine **Zusammensetzung**, bei **zwei eigenen Betonungen** liegt eine **Wortgruppe** vor: *aufwärtsgehen (= besser werden, gesunden) – aufwärts gehen (= hinaufsteigen)*

167 **Nomen + Nomen: Bilde aus den angeführten Wortgruppen zusammengesetzte Nomen!**

Beispiel: *eine Uhr mit Armband* ► *eine Armbanduhr*

1. ein Kalender für Termine: ....
2. ein Auto für Rennen: ....
3. eine Fehler im Getriebe: ....
4. die Tränen eines Krokodils: ....
5. dein Netzwerk von Computern: ....
6. ein Geständnis der Schuld: ....
7. ein Laufwerk für Disketten: ....

168 **Verb + Nomen: Bilde Zusammensetzungen mit den passenden Verbstämmen. Jeder Wortbestandteil kommt nur einmal vor!**

Bau-	Spiel	
Hör-	Zeit	
Hüpf-	Band	
Kauf-	Duell	
Lauf-	Gerät	
Liege-	Mann	
Reiß-	Techniker	
Schrei-	Verschluss	
Sing-	Tuch	
Stoß-	Burg	

169 Schreibe folgende Wortschlangen in Normalschrift auf!

Beispiel: *andertraueranteilnehmen* ► *an der Trauer Anteil nehmen*

1. essichaufdercouchgemütlichmachen: ....
2. zweiwochenbergsteigeninsüdtirol: ....
3. denabwaschalleinemachen: ....
4. mitdemhundspazierengehen: ....
5. nurnichtdienervenverlieren: ....
6. nochimmerimdunkelntappen: ....
7. imwintereislaufengehen: ....
8. jemandemdenkopfverdrehen: ....
9. schmutzigewäschewaschen: ....
10. einengroßenfischamhakenhaben: ....
11. andenfeierlichkeitenteilnehmen: ....
12. etwasaufdieleichteschulternehmen: ....

170 Entscheide dich für die richtige Schreibung. Achte dabei auf die Betonung! Streiche die falsche durch. Partizipien richten sich nach den zugrundeliegenden Verbindungen mit Verben. Durch die Zusammenschreibung kommt es oft zu einer neuen, übertragenen Bedeutung.

1. Das ist eine weiter geschnittene/weitergeschnittene Hose **2.** Diese Schokocreme schmeckt wirklich verführerisch leicht/verführerischleicht. **3.** Die Kamera macht gestochen scharfe/gestochenscharfe Fotos. **4.** Er gewann acht ein halb/achteinhalb Tausend Euro. **5.** Die teil nehmenden/teilnehmenden Nationen marschieren nun ein. **6.** Musst du dich davor fürchten/davorfürchten? **7.** In einer eisig kalten/eisigkalten Novembernacht spielt die Schlussszene. **8.** Du hältst dich wohl für super klug/superklug? **9.** Ich habe den Hund doch bloß gestreichelt/bloßgestreichelt! **10.** Kannst du mir das ins Deutsche über setzen/übersetzen? **11.** Musst du dich denn bei jeder Sache quer legen/querlegen? **12.** Diese Nummer muss mit der Typennummer in den Papieren überein stimmen/übereinstimmen. **13.** Bei einem Referat solltet ihr möglichst frei sprechen/freisprechen. **14.** Mit dieser Aktion konnte er den ganzen Verkehr lahmlegen/lahm legen. **15.** Nicht davon laufen/davonlaufen! **16.** Nach dem/Nachdem heißen Sommer kam ein schöner Herbst. **17.** Du darfst jetzt nicht herein kommen/hereinkommen! **18.** Das sind ja drei Millionen/dreimillionen Euro! **19.** Es wird bestimmt wieder aufwärts gehen/aufwärtsgehen mit der Firma! **20.** Ich muss in dieser Sache etwas richtig stellen/richtigstellen. **21.** Den Satzanfang musst du immer groß schreiben/großschreiben! **22.** Wir wollten aufwärts gehen/aufwärtsgehen, nicht fahren. **23.** Lasst uns jetzt zum Ende/zumende kommen! **24.** vor allem/vorallem

EINFACH KOMPAKT — Nomen und Verb

- Verbindungen von **Nomen + Verb** bzw. **Verb + Verb** werden meist **getrennt** geschrieben: *Rad fahren, Fenster zu putzen; spazieren gehen, spazieren gehend/spazierengehend.* (In der Form des Partizips ist auch Zusammenschreibung möglich: *verloren gegangen/verlorengegangen; allein erziehend/alleinerziehend*)
- Ausnahmen mit **verblasstem Nomen** werden immer **zusammengeschrieben:** ***eislaufen, kopfstehen, leidtun, nottun; preis****geben,* ***stand****halten,* ***teil****nehmen,* ***statt****finden,* ***hand****haben,* ***kopf****rechnen,* ***schluss****folgern*
- Bei Verbindungen mit einem Verb als zweitem Bestandteil hängt es auch davon ab, ob eine neue, **übertragene Bedeutung** vorliegt. In diesem Fall wird **zusammengeschrieben:** *Du willst doch in der 7. Klasse nicht sitzenbleiben? Er soll das bleibenlassen. Das kann einer Beleidigung gleichkommen;* aber: *Du kannst hier sitzen bleiben. Er kann den Hund hier nicht bleiben lassen. Er wird bestimmt gleich kommen.*
- Verbindungen mit dem Verb ***sein*** werden immer **getrennt** geschrieben: *da sein, dafür sein*
- Verbindungen mit ***acht****,* ***halt*** *und* ***maß*** können **getrennt oder zusammengeschrieben** werden: *achtgeben/Acht geben* (aber nur: *außer Acht lassen); haltmachen/Halt machen, maßhalten/Maß halten*
- Verbindungen von Nomen + Verb bzw. Verb + Verb werden **groß- und zusammengeschrieben,** wenn sie gemeinsam als ein Nomen verwendet werden (= **Nominalisierung**): *das Radfahren, das Spazierengehen*
- **Adjektiv + Verb:** Ist das erste Wort ein einfaches Adjektiv, welches das **Ergebnis der Verbhandlung** ausdrückt, so kann **getrennt oder zusammengeschrieben** werden: *glatt streichen/glattstreichen, warm machen/warmmachen* (auch für Partizip: *das blau gefärbte/blaugefärbte Kleid*)

171 Setze richtig ein. In der zweiten Zeile sind jeweils die beiden Möglichkeiten mit Partizip anzuführen!

Beispiel: *Ich meine die Industrie, die* *Papier verarbeitet* *(Papier verarbeiten).*
die *Papier verarbeitende/papierverarbeitende* *Industrie.*

1. Ich kenne diese Dame, die .... (*Cello spielen*).
   Ich kenne diese .... Dame.
2. Du wärest gerne eine Künstlerin, die .... (*Bilder malen*).
   Du wärest eine .... Künstlerin.
3. Sie mag den Jungen, weil er nur .... (*Spanisch sprechen*).
   Sie mag diesen .... Jungen.
4. Darunter sind keine Substanzen, die .... (*Krebs erregen*).
   Darunter sind keine .... Substanzen.
5. Die Kunden, die .... (*Probe fahren*), sind schon unterwegs.
   Die .... Kunden sind schon unterwegs.
6. Der Prinz, der .... (*Ski fahren*), ist der englische Thronfolger.
   Der .... Prinz ist der englische Thronfolger.
7. Einen Automaten, der .... (*Brot backen*), hat nicht jeder.
   Einen .... Automaten hat nicht jeder.
8. Ein Autor, eine Autorin ist ein Mensch, der .... (*Bücher schreiben*).
   Ein Autor, eine Autorin ist ein .... Mensch.

172 Wandle die Sätze nach folgendem Beispiel um!

Beispiel: *Peter läuft mit seiner Freundin eis. (wird)* ▸ *Peter wird mit seiner Freundin eislaufen.*

1. Die ganze Welt steht kopf. (*kann*) ....
2. Das tut dir leid! (*werden*) ....
3. Im Stadion findet ein gutes Spiel statt. (*soll*) ....
4. Er gibt sein Geheimnis nicht preis. (*kann*) ....
5. Das hält einer Prüfung nicht stand. (*wird*) ....
6. Alle nehmen an der Spielrunde teil. (*wollen*) ....
7. Hier tut schnelle Hilfe not. (*wird*) ....
8. Der Richter gibt dem Einspruch statt. (*kann*) ....
9. Ich bin für dich da. (*werde*) ....
10. Ihr seid nicht bei jeder Sache dagegen. (*dürft*) ....

173 In folgenden Sätzen ist immer Zusammen- und Getrenntschreibung möglich. Entscheide dich für eine Variante und schreib die Wortschlangen in Normalschrift auf.

1. diealleinerziehendemutter ....
2. derverlorengegangeneschlüssel ....
3. dasfurchterregendeunwetter ....
4. deinmitleiderregenderblick ....
5. einesockenstrickendeoma ....
6. eineerfolgversprechendetaktik ....
7. dieerdölförderndeindustrie ....
8. aufdieautosachtgeben ....
9. vorabsolutnichtshaltmachen ....
10. beimessenundtrinkenmaßhalten ....
11. diezugrundeliegendefrage ....
12. eineaufsehenerregendestory ....
13. deraufsichtführendekollege ....
14. dasschmutzabweisendematerial ....
15. dielebenspendendekraft ....

174 Folgende Verbindungen werden zusammengeschrieben, weil der erste Bestandteil fast nur in dieser Bedeutung vorkommt. Setze richtig ein.
Achtung: Im Aussagesatz wird die Zusammensetzung getrennt (siehe Beispiel)!

Beispiel: *Ich hoffe, Ihnen kommt in diesem Markttrubel nichts abhanden! (abhandenkommen)*

feilbieten – heimgehen – abhandenkommen – weismachen – zuteilwerden – kundtun – überhandnehmen – einhergehen – hintanstellen – vorliebnehmen – vonstattengehen – übereinkommen

1. Das Besprayen von Hauswänden scheint in den Städten ....
2. Der Umbau des Geschäftslokals .... ganz nach Plan ....
3. Du willst deine Bio-Produkte selbst auf dem Markt ....?
4. Es ist jetzt zwei Uhr früh. Lasst uns ....!
5. Persönliche Wünsche sollte man bei diesem Projekt ....
6. Ihr werdet mit dieser Schlafstätte .... müssen!
7. Du wirst mir doch nicht .... wollen, dass du davon nichts wusstest?
8. Uns .... im Jahre 2000 mit der Geburt unseres Nikolaus eine große Freude ....
9. Folgt mir! Wir wollen diese Neuigkeit allen ....!
10. Mit mehr Bewegung und Sport .... meist auch eine bessere Gesundheit ....
11. Irgendwie ist mir das Buch .... Tut mir echt leid!
12. Wir sind ...., dass wir uns die Reparaturkosten teilen werden.

175 Übertragene Bedeutung oder nicht? Schreibe bei einer neuen, übertragenen Bedeutung zusammen! *„kennen“* + *„lernen“* kann übrigens getrennt oder zusammengeschrieben werden.

Beispiel: *Sie hat den Regenschirm irgendwo liegenlassen. (= vergessen)* *(liegen/lassen)*

1. Das hättest du uns aber .... müssen! Jetzt ist es zu spät! *(vorher/sagen)*
2. Wenn er Glück hat, wird er mit geringer Strafe .... *(davon/kommen)*
3. Auf diesem alten Nagel wird das wohl nicht ....! *(hängen/bleiben)*
4. Nur wenn man regelmäßig übt, kann auf Dauer etwas .... *(hängen/bleiben)*
5. Sie haben uns wie eine kalte Kartoffel .... *(fallen/lassen)*
6. Ihr werdet mich alle noch ....! Das schwöre ich euch! *(kennen/lernen)*
7. „Aber wir müssen uns doch zuerst ....“, meinte sie darauf. *(kennen/lernen)*
8. Ich möchte bei der Feier die Schüchternen und die Profis .... *(zusammen/setzen)*
9. Du kannst nicht ...., du musst im Stehen arbeiten. *(dabei/sitzen)*
10. Muss denn deine Mutter immer ...., wenn wir zu zweit sind? *(dabei/sitzen)*
11. Den Anfangsbuchstaben musst du immer .... *(groß/schreiben)*
12. Du solltest „Haus zu verpachten“ wirklich ....! *(groß/schreiben)*
13. Bei uns wird Service immer .... *(groß/schreiben)*
14. Ich kann dich nicht vom Vorwurf der Schlampigkeit .... *(frei/sprechen)*

176 Setze die passende Verbindung mit *sein* in der richtigen Form ein!

dagegen sein – zusammen sein – da sein – hier sein – dafür sein – weg sein – heraus sein

1. Du kannst doch nicht bei allem, was ich vorschlage, ...!
2. Tut mir leid, da kann ich nicht ....!
3. Bei kranken Menschen ist es oft wichtig, wenn man .... und ihnen Zuwendung schenkt.
4. Der Regenschirm müsste doch ....!
5. Du wurdest disqualifiziert, weil du dreimal unentschuldigt ....
6. Er wollte unbedingt mit der Liebsten ....
7. Sobald es ...., dass sie ein Kind bekommen sollten, freuten sich alle sehr.

177 Nominalisierungen: Setze die in Klammer angeführten Verbindungen richtig ein!

1. Im achten Monat fällt der Schwangeren das .... schon schwer. (*Stiegen steigen*)
2. Beim .... ist es töricht, ohne Freisprecheinrichtung zu telefonieren. (*Auto fahren*)
3. Ich habe mir letztens beim .... den Nagel abgebrochen. (*Gitarre spielen*)
4. Diesen Winter ist Ivo nie zum .... gekommen. (*Eis laufen*)
5. Manchmal träumt Marie vom .... mit ihrem Hund. (*spazieren gehen*)
6. Im .... ist Nikolaus ein wahres Talent. (*Schach spielen*)
7. Statt .... fährt man heute mit den Inlineskates. (*Rollschuh laufen*)
8. Du bist im .... einfach perfekt. (*Tango tanzen*)
9. Der Kleine verkriecht sich beim .... immer in der Gartenhütte. (*Verstecken spielen*)
10. Du sollst beim .... nicht reden! (*Gulasch essen*)
11. Beim .... lässt sie sich von niemandem stören. (*Hausübung machen*)
12. Durch .... trainierst du deine Bein- und Rückenmuskulatur. (*Rad fahren*)

178 Adjektiv + Verb: Prüfe, ob hier jeweils eine Doppelschreibung möglich ist! Streiche falsche Alternativen. Achtung: Bei abgeleiteten/erweiterten Adjektiven oder zusammengesetzten Verben wird nur getrennt geschrieben: *lauwarm machen, schmutzig machen; grün anstreichen*!

1. Du musst für das Gulasch die Zwiebeln noch kleiner schneiden/kleinerschneiden.
2. Ich muss jetzt nur noch das Fleisch klein schneiden/kleinschneiden und dann ab in den Topf.
3. Er will sich nie die Hände schmutzig machen/schmutzigmachen.
4. Nimm nun ein glatt gehobeltes/glattgehobeltes Brett und schneide es auf diese Maße zu.
5. Sie hat ihm jedes Mal – auch spät in der Nacht noch – das Essen warm gemacht/warmgemacht.
6. Du musst die Staubkappen abnehmen und das Fernglas scharf einstellen/scharfeinstellen.
7. Mit Hilfe dieses komplizierten Mechanismus kann das Tier seine Augen scharf stellen/scharfstellen.
8. Aber, du kannst doch dein Haus nicht violett streichen/violettstreichen.
9. Den hellblau gefärbten/hellblaugefärbten Pulli mag sie nicht.
10. Da sah er den leer gegessenen/leergegessenen Teller und wusste, dass der Bub ihm vertraute.

EINFACH KOMPAKT — Adjektive, Partizipien und andere

- **Adjektiv + Adjektiv**: *grüngelb* (= gelb mit grünem Mischton), aber *grün-gelb* (= gelb und grün unvermischt).
- Verbindungen aus **Nomen + Partizipien** werden zusammengeschrieben, wenn der erste Teil für eine (längere) Wortgruppe steht: *durstlöschend* ▶ ***den Durst** löschend*
- Wortverbindungen mit ***wie, so, zu*** werden getrennt geschrieben: *wie viele?, so viele, zu wenig;* Verbindungen mit ***irgend-*** werden immer zusammengeschrieben: *irgendetwas, irgendwer*
- Die Konjunktion ***sodass/so dass*** kann getrennt und zusammengeschrieben werden.
- Unterscheide die Konjunktionen ***indem, seitdem, nachdem*** von den Wortverbindungen mit Relativpronomen: *in dem (in welchem), seit dem, nach dem*
- Beachte die **Doppelschreibungen:** *nach Hause/nachhause, zu Hause/zuhause; auf Seiten/aufseiten, zu Grunde/zugrunde (gehen), in Frage/infrage (stellen), außer Stande/außerstande (sein)*

179 Ergänze bei den Adjektivzusammensetzungen jeweils den fehlenden Bestandteil. Wähle dazu den passenden aus und verwende die neue Verbindung als Attribut/Beifügung!

Beispiel: *zäh + flüssig* ▶ *die zähflüssige Masse*

1. hell	kalt	....	Augen
2. dunkel	stumm	....	Haar
3. süß	reif	....	Sauce
4. taub	traurig	....	Frau
5. früh	häutig	....	Mädchen
6. halb	blau	....	Zaun
7. dick	blond	....	Elefant
8. nass	modern	....	Wetter
9. tief	sauer	....	Kind
10. neu	hoch	....	Musik

180 Verbinde folgende Verbstämme mit dem passenden Adjektiv (= Eigenschaftswort), sodass eine neues Adjektiv entsteht!

*rede- * wiss- * kratz- * blick- * lauf- * denk- * reise- * streich- * leb- * reiz- * ess- * bau-*

..................los	..................faul	..................dicht
..................begierig	..................voll	..................fertig
..................gewandt	..................freudig	..................fähig
..................fest	..................lustig	..................süchtig

181 Forme die unterstrichene Wortgruppe vor dem Nomen um zu einer Verbindung von Nomen + Partizip!

1. ein von Strahlen verseuchtes Gebiet — *ein strahlenverseuchtes Gebiet*
2. eine vom Erfolg verwöhnte Sängerin ....
3. eine vom Mond beschienene Waldwiese ....
4. eine die Nerven zerreißende Spannung ....
5. ein von Angst erfüllter Detektiv ....
6. ein vom Licht durchflutetes Zimmer ....
7. eine mit Pickeln übersäte Haut ....
8. eine mit dem Mund geblasene Glasvase ....
9. ein an Fischen reiches Gewässer ....
10. ein Paar mit der Hand gestrickte Socken ....
11. ein die Ohren betäubender Krach ....
12. die von Sagen umwobene Burg ....
13. die von Schnee bedeckten Gipfel ....
14. die den Kopf schüttelnde Zuschauerin ....
15. die durch das Milieu bedingte Armut ....
16. die den Tod bringende Krankheit ....
17. das den Durst löschende Getränk ....
18. die von Sorgen geplagte Bäuerin ....

182 Wortverbindung oder Konjunktion (= Einleitewort)? Setze richtig ein! Achte auf die Betonung.

so viele, so weit, so lange, so bald (= Wortverbindungen); *soviel, solange, soweit, sobald* (= Konjunktionen)

1. Das wird erst morgen geliefert, ... ich weiß.

   .... Lego-Männchen auf einmal hast du noch nie gesehen!

2. .... ich Erdbeeren esse, bekomme ich einen Hautausschlag.

   Kann mich nicht erinnern, dich schon einmal .... zu Hause gesehen zu haben.

3. Das wird nicht geschehen, ... ich hier etwas zu sagen habe!

   Ich glaube, du solltest nicht .... von zuhause fernbleiben.

4. .... ich weiß, wird diese Anlage mit Solarstrom betrieben.

   Dieser Athlet sprang fast .... wie ein Känguru.

183 Schreibe in Normalschrift auf!

1. Wievielemurmelnhastduindeinerrechten? ....
2. Wirhabennochvieleszutun, packenwiresan! ....
3. Wielangewillstduunseregeduldnochmissbrauchen? ....
4. Dasistmirallesvielzukindisch! ....
5. Dieganzesachewirdihmjetzteinwenigzuheiß. ....
6. Biswieweitbistdubereitzugehen? ....

184 Konjunktion oder Wortverbindung? Setze *in/dem, seit/dem, nach/dem* je einmal richtig ein!

.... du gestern gegangen warst, plünderte ich noch den Kühlschrank, ... ich allerlei Wurst, Käse und andere Leckereien fand. .... Abendfilm hatte ich bereits so viel verdrückt, dass sich erste Übelbeschwerden zeigten. .... Geburtstagsessen bei Tante Josephine war mein Bauch nicht mehr so prall gefüllt gewesen. .... ich mir auch noch die Süßigkeitsvorräte vornahm, streckte ich meinen Körper und damit mich selbst völlig nieder. .... sind 48 Stunden vergangen und ich habe noch immer kein Hungergefühl!

185 Setze die richtige Form von *irgend-* ein.

Irgendwann – irgendwo – irgendwann – irgendwie – irgendetwas – Irgendwem – irgendeine – irgendwelch – Irgendwo

1. .... wird dieses Fahrrad abgehen. **2.** Aber .... muss doch der Reisepass sein! **3.** Er kommt mir heute .... zerstreut vor. **4.** Es funktioniert nicht, wenn man hier .... Münze hineinsteckt. **5.** „.......... kaufe ich mir einmal einen Riesentraktor!", meinte der kleine Julian zu seinem Opa. **6.** Ich denke schon, dass das .... bewirkt bei den Verantwortlichen. **7.** Sie sprach nur .... dummes Zeug von Ufos. **8.** „.........., ... werden wir uns lieben!", singen die zwei am Ende des Stücks.

186 Manche Paare sind zulässige Doppelformen. Bei anderen ist eine Schreibung falsch. Streiche die Fehlschreibungen!

1. Der Böse musste in der Wüste elend zu Grunde/zugrunde gehen.
2. Auf Grund/Aufgrund intensiver Recherchen konnte der Besitzer des Fahrzeuges ausfindig gemacht werden.
3. Das kannst du dann von zu Hause/zuhause aus erledigen!
4. Tante Susanne wollte uns nicht zur Last/zurlast fallen.
5. An Stelle/Anstelle großer Worte sind jetzt Taten gefragt.
6. Dieses sein Verhalten kennst du zur Genüge/zurgenüge.
7. Die Crew rettete sich mit Hilfe/mithilfe der Rettungsinseln.
8. Ich sehe mich völlig außer Stande/außerstande, dir hierbei helfen zu können.
9. Damit sind Sie auch im Falle/imfalle eines Einbruchs optimal versichert!
10. Wie mag ihr jetzt wohl zu Mute/zumute sein?
11. Wir möchten lieber zu Fuß/zufuß nach Hause aufbrechen.
12. Bist du denn völlig von Sinnen/vonsinnen?
13. Der Baum ist so groß/sogroß, dass er mit seinem Blattwerk den Balkon beschirmt.
14. Das Angebot war günstig, so dass/sodass ich es kaufen musste.

KAPITEL 9: Worttrennung am Zeilenende

EINFACH KOMPAKT

- Einfache Wörter werden nach den **Sprechsilben** getrennt: *Wör-ter, Sil-ben, wer-den.*
- Zusammengesetzte Wörter und Wörter mit Vorsilben werden nach ihren **Bestandteilen** getrennt: *zu-sam-men-ge-setzt, Vor-sil-be, Be-stand-tei-le*
- Beachte: Der **letzte Konsonant einer Silbe** kommt in die **nächste Zeile**: *Ho-se, Pe-dal, sin-gen*
  Einzelne Buchstaben am Wortanfang oder -ende dürfen **nicht abgetrennt** werden: *Igel, Uhu*
  Nicht getrennt werden dürfen ***ch, ck, sch*** sowie die fremdsprachlichen ***ph, rh, sh*** und ***th***: *Bü-cher, Zu-cker, wa-schen; Phos-phor, Myr-r(h)e, Apo-the-ke;* aber: *Kas-ten, brems-te* (st wird getrennt!)
- Vermeide Trennungen, die das Verständnis erschweren: *Bauernkas-ten, Spargel-der*

187 Setze bei folgenden Wörtern einen Trennstrich zwischen den Sprechsilben. Achtung: *st* und *tz* werden getrennt!

Achtel, Drittel, Eltern, Fenster, garstig, Hopfen, Karpfen, leugnen, Kasten, modrig, rosten, Schimmel, schimpfen, schlüpfrig, singen, sinken, sitzen

188 Trenne folgende zusammengesetzte Wörter nach ihren Bestandteilen.

Abstand, außergewöhnlich, Eierbecher, Endstation, entsetzlich, Fahrradständer, Gartentrampolin, Hosenträger, Innsbruck, Kühlschrank, Montag, Neubau, Vergnügen, zeitgleich

189 Die Buchstabenkombinationen *ch, ck und sch* werden nicht getrennt! Setze die Trennungsstriche richtig.

Backe, Bücher, Deckel, Dusche, flackern, gackern, kicken, Köcher, kriechen, lachen, Lacke, Lerche, machen, Masche, meckern, necken, prickeln, Sachen, Säcke, trocken, waschen, Zucker

190 Fremdwörter richtig abteilen: Setze die Trennungsstriche richtig! Du kannst bei zusammengesetzten wie bei einfachen Fremdwörtern nach den Sprechsilben vorgehen!

absurd, Chirurg, Ellipse, extrem, Goethe, Hektar, Hydrant, Individualist, interessant, Kontinent, Pädagogik, Psychologie, Publikum, Reminiszenz, Transfer, Saphir, Stephan, Zyklus

191 Trenne folgende Fremdwörter aus dem Englischen – wenn möglich! – ab. Es zählen die Sprechsilben, allerdings musst du sie englisch aussprechen.

Beispiel: *Homepage* ► *„Houm –pe/idsch"* ► *Home-page*

Casting, Board, Breakdance, Business, Cheeseburger, College, Drive, Feature, Fileshare, Funbike, Gameboy, Inlineskate, Lifestyle, live, Rave, Performance, Software, Update, Website

192 Setze die passenden fünf Wörter von Übung 191 hier ein!

1. Trotz ihres tollen Gesangs kam sie über das erste .... nicht hinaus.
2. Die gesamte .... auf der Bühne hat mir sehr gut gefallen.
3. Und das wird direkt aus dem Wembley-Stadion, also .... übertragen?
4. Ich werde nicht ....-Class fliegen, sondern billigere Tickets kaufen.
5. Nach fünf Jahren muss sie ihrem Computer wieder ein .... verpassen.

193 Hier wurde abgeteilt, aber die Silben wurden vertauscht. Schreib die Wörter richtig mit Artikel auf! Aus welchen Einzelwörtern bestehen sie?

Silbensalat	Zusammensetzung	Bestandteile
KÖR-HIM-PER-MELS	der Himmelskörper	der Himmel + der Körper
FIN-FER-TIG-GER-KEIT		
STOFF-LE-FÜL		
ZU-BÄ-CKER-CKER		
SON-EN-NEN-STRAHL		
AKUS-TIK-BLEM-PRO		
APO-KER-THE-MER-KAM		
PHOS-GE-PHOR-HALT		
SCHU-LE-TO-RIK-RHE		
RHEU-SAL-MA-BE		
PHA-RU-HE-SE		
LI-AT-VE-MOS-PHÄ-RE		
TEN-KLEI-KAS-DER		

194 Finde die sieben falsch abgeteilten Wörter und schreib sie mit richtigen Trennungsstrichen auf!

Mil/liar/den/be/trag – Mil/cher/trag – lang/at/mig – Land/adel – Kraft/aus/druck – int/o/le/rant – Hy/po/the/se – Gesp/räch – Fah/rer/flucht – Be/schäf/ti/gung – Ber/ga/horn – Auft/rags/ar/beit – auf/wänd/ig – A/gen/da – Air/bag – Re/cy/cling – Sie/de/punkt – syn/chron – Ü/be/ral/te/rung

....

....

....

